AF459274

DES

COMPLICES,

DES

CORRUPTEURS,

DE

LA LOI ÉLECTORALE,

DES INJURES ET DU PAUPÉRISME.

BIBLIOTHÈQUE NATIONALE R.F. IMPRIMÉS

Par F.-J. B. Noël,

AVOCAT, NOTAIRE HONORAIRE, CORRESPONDANT DE PLUSIEURS SOCIÉTÉS ACADÉMIQUES.

NANCY.

IMPRIMERIE ET LIBRAIRIE DE HINZELIN ET Ce, PLACE DU MARCHÉ, 67.

PARIS,

CHEZ HYPPOLITE SOUVERAIN, RUE DES BEAUX-ARTS, 5.

1848.

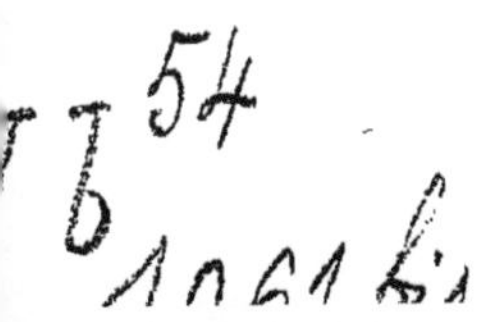
54

PROLÉGOMÈNE

UTILE

POUR L'INTELLIGENCE DU PRÉSENT OUVRAGE.

L'ouvrage que nous offrons au Public, était imprimé à une feuille près, lorsqu'éclata notre glorieuse et dernière révolution. On verra que mes efforts avaient pour but d'amener la monarchie à adopter des institutions démocratiques. J'en fais sentir l'indispensabilité sous peine de Révolution : les événements survenus ont confirmé d'une manière éclatante mes principes.

Bien qu'il fût apparent que l'entêtement du Roi, ses préjugés et sa confiance dans l'inintelligence des bayonnettes françaises, le portaient continuellement à diriger son gouvernement vers les principes de la monarchie pure, à corrompre la représentation nationale, qui n'était plus qu'un simulacre, nous ne pouvions alors l'avouer et nous supposions que le monarque était trompé par ses ministres et par ses courtisans. Nous pensions cependant qu'en stimulant sa couardise, bien connue, on pourrait obtenir des changements favorables. Nous applaudissions avec sympathie aux discours de MM. Lamartine et Odillon Barrot ; nous disions qu'un Patriote n'est jamais révolutionnaire sous un gouvernement représentatif, et qu'il doit, dans toutes les circonstances, chercher à améliorer la condition du peuple ; que le parti républicain s'accroissait de jour en jour des Patriotes qui désespéraient de pouvoir ramener le gouvernement aux promesses de

Juillet et aux institutions démocratiques; lorsque nous tracions notre écrit, nous ne partagions pas encore entièrement ce désespoir, mais l'histoire des quatre dernières heures de la royauté du roi Louis-Philippe a dissipé toutes les illusions des Patriotes, qui ont été convaincus qu'il était impossible de faire entrer la loyauté dans le caractère du Roi, en l'obligeant à exécuter les promesses qui lui avaient donné la couronne; ils ont dû tous applaudir à la chûte du monarque.

De l'opposition dont nous partagions les principes au républicanisme, il n'y a qu'un pas. Nous sommes donc maintenant républicain avec le patriotisme le plus vif possible, nous éprouvons une grande délectation, en pensant que le nom Français a reconquis en Europe son honneur et sa gloire.

Quoi qu'en général une Révolution soit chose fâcheuse, cependant le miraculeux événement du 24 février, est un grand bienfait pour la France; le sang qu'il a fait verser, quelque regrettable qu'il soit, est bien compensé par la conduite de Louis-Philippe, qui rend maintenant impossible le rétablissement de la monarchie en France.

La royauté de Louis-Philippe est réellement anéantie effacée; ses racines sont sans puissance, sans vie, comme le serait un arbre arraché depuis un siècle. Les courtisans, les favorisés du pouvoir déchu, déjà comme de nouveaux papillons, se présentent à l'arbre de la Liberté, le félicitent, et lui demandent des faveurs; ce n'est que sous son ombrage tutélaire, qu'ils ont appelé de tous leurs vœux, que leurs amours seront couronnés de succès. Quoi, leur répond-t-on, vous étiez les plus satisfaits de l'arbre abattu; vous étiez repus de ses sucs nourriciers, et cela ne vous suffit pas? Et ils répondent : mais nous n'étions alors que chrysalides, nous ne respirions pas l'air de liberté que vous répandez autour de vous, et qui fait le bonheur de ceux que vous abritez. — Si vous n'étiez que chrysalides sous le dernier arbre abattu, vous étiez chenilles sous l'arbre précédent; c'est vous qui en avez rongé les feuilles de manière à le faire périr. Allez, nous ne voulons pas de vos œufs qui, en se développant, rongeraient nos rejetons. Si c'est la gloire des insectes de pouvoir se métamorphoser de trois ou quatre manières différentes, ce serait une honte pour le chêne de changer de nature.

Nous avons toujours porté à notre patrie et à nos compatriotes l'amour le plus vif. Nos écrits sont empreints de ce sentiment, nous n'avons rien à y changer; nous n'avons fait l'éloge des souverains que sous le rapport du bien qu'ils ont pu faire au peuple. L'ouvrage que nous donnons aujourd'hui, conçu et imprimé avant le 24 février, et dont la publication a été retardée par les travaux extraordinaires survenus à l'imprimerie, aura encore son à-propos; seulement, nous prions le lecteur de remplacer le mot Roi, par celui de Gouvernement ou de République. Nous disons que nous arrivons encore à-propos; sans doute, plus à propos que si notre dernière Révolution ne se fût pas accomplie; car, maintenant le nouveau Gouvernement sentira toute l'importance de punir les corrompus, de faire une nouvelle loi électorale, de réprimer les injures, d'effacer le Paupérisme et de favoriser le travail. Ce sont là les sujets que j'ai entrepris de traiter; je désire que mes idées et mes plans puissent être utiles.

Oui, nous arrivons encore à temps, même en ce qui regarde la loi électorale; car il nous paraît hors de toute probabilité que le système électoral, adopté par le Gouvernement provisoire, puisse être changé en loi. C'est bien la première fois qu'une nation a été aussi universellement consultée, qu'on a supposé des connaissances et du civisme jusqu'aux dernières classes les plus infirmes de l'ordre social.

Sous le régime de la Liberté et de la Démocratie, il n'y a

plus de rangs, l'égalité la plus parfaite nivelle toutes les classes: mais ce fait qui établit l'égalité la plus absolue, ne saurait empêcher que les citoyens ne soient fort inégaux en capacité et en connaissances, et que les incapables ne soient en général les plus nombreux. Ceux- ci consultés n'ont point d'opinion à eux; ils exprimeront celle de la personne qui les dirige, soit curé, soit maire, soit porte-esprit de sa commune.

Le système électoral actuel exagère un bon principe au-delà de toute possibilité pour les quatre-vingt-dix-neuf centièmes des électeurs, de pouvoir voter en bonne connaissance de cause. Quel est donc celui qui connait toutes les capacités méritantes de son département? Mais c'est déjà beaucoup que l'habitant d'une ville d'une trentaine de mille âmes connaisse toutes les capacités de sa commune ou de son arrondissement. Ce système impose donc l'obligation d'établir des comités électoraux, qui viennent en aide aux électeurs. Mais ce fait est la plus forte critique qu'on puisse faire de ce mode d'élection: les députés ressortiront bien plus de l'influence de ces comités que du choix réfléchi de chacun des électeurs.

Le dernier Gouvernement avait l'outrecuidance fort illégale de vouloir diriger les élections et employait jusqu'à la corruption pour parvenir à ses fins. Alors les comités électoraux qui avaient pour objet de combattre cette influence liberticide, rendaient de grands services; mais aujourd'hui que le gouvernement ne doit plus exercer d'influence de cette nature, il semblerait que les élections dussent pouvoir se faire sans leur concours, et cependant avec le mode actuel cela est impossible: à ces comités seuls on devra l'exécution des élections. Ce mode est donc monstrueux, comparativement à la capacité des citoyens, dont on exige plus qu'il ne leur est possible d'exécuter; et il nous faut une loi qui n'ait pas besoins d'aides dirigeants pour recevoir son exécution.

En formant les comités des agents du Gouvernement, c'est leur donner plus d'influence sur les électeurs, que n'en pouvaient exercer autrefois les préfets, c'est arriver par des moyens tout opposés au même résultat qu'on reprochait avec tant de raisons et de justice à l'ancienne loi électorale, c'est l'élection à deux degrés, mais dans le sens inverse à l'idée qu'on attachait à ces sortes d'élections. Le comité propose et le peuple sanctionne sans grande connaissance de cause : il faudrait au moins que les comités présentassent une liste contenant trois ou quatre fois autant de noms des personnes qu'il en faut nommer pour députés, afin que les électeurs pussent exercer leur choix entre trois ou quatre personnes ; mais ne présenter que juste les noms de personnes à élire, c'est méconnaître les droits des compétiteurs, c'est paralyser leur action près des électeurs, c'est faire présumer qu'on les a jugés incapables, c'est nuire à leur droit et à la liberté des électeurs. Il faut en bonne justice, en les éliminant de la liste, en donner les motifs. Ce sera un phénomène, qu'un député élu sans avoir été soutenu d'un comité directeur ; il est fort à désirer qu'il s'établisse des comités en opposition avec ceux qui ont été créés ou élus sous l'influence des agents du gouvernement.

Les Républiques d'Athènes et de Rome ne formaient l'une et l'autre qu'une cité : Athènes avait sa place aux harangues ; Rome, son Forum Romanum. Il n'y avait qu'un seul point de réunion pour les citoyens, pas de fraction de réunion ; dans ces assemblées on ne s'occupait que des questions que le peuple pouvait apprécier, comme se rapportant aux intérêts directs de la cité qui formait toute la nation. Au-delà de la cité il n'y avait plus de citoyens, mais des sujets qui étaient gouvernés et administrés par la volonté du peuple de la cité, et qui formait seule la République. L'habitant du Pirée n'avait pas voix délibérative à Athènes; celui de Padoue ne votait point à Rome.

Dans ces assemblées générales, l'opinion de la majorité se faisait connaître et créait la loi; les citoyens usaient pleinement de leur liberté et de leur souveraineté; des fractions d'assemblées auraient pu entraîner des discordes; une fraction aurait pu penser d'une manière différente, avoir un intérêt opposé ou méconnu d'une autre fraction de l'assemblée, ce qui aurait pu faire naître des guerres civiles; et bien sûrement ces états n'eussent point duré une génération, si l'assemblée de leur République n'avait point été unique, et si ces assemblées avaient pu se convoquer d'elles-mêmes, sans l'ordre des magistrats et hors de leur présidence. C'est un principe de Solon : il faut pour la prospérité de la République, que le citoyen obéisse au magistrat et le magistrat à la loi.

Sous le Gourvernement qui vient de fuir, Paris était le centre d'action, il exerçait sur le reste de la France une supériorité comparable à celle que Rome et Athènes exerçaient hors de leur enceinte sur les peuples ou sur les nations qui leur étaient soumises. Si Paris s'est trouvé humilié du joug corrupteur et ignoble qui le dominait et l'opprimait, le reste de la France en souffrait bien plus que lui. Les habitants des départements ne peuvent être que vivement reconnaissans du service éminent que le courage et le civisme des Parisiens a rendu à la patrie, en chassant un gouvernement sans loyauté; enfin, à cet héroïque Paris nous devons la liberté et notre état de républicains. mais il faut maintenant que Paris, au milieu de sa gloire et de son triomphe, ait la générosité et la justice de reconnaître que par suite de l'égalité qu'il a deversée sur toute la France, ses mouvements populaires ne peuvent plus rien commander. La puissance dominatrice n'existe plus dans un centre, elle est repartie sur toute la France : les départements ne pourront consentir à n'être envers Paris que ce qu'étaient les capouans à Rome ou les Piréens à Athènes.

Si sous le Gouvernement provisoire on a pensé convenable de remplacer l'influence dirigeante des fonctionnaires par celle des associations patriotiques ou des assemblées démocratiques, c'est sans doute parce que, né d'un mouvement révolutionnaire, il trouve dans ces associations la sanction qui lui est utile pour remplacer le défaut d'élection ; mais de cet état de choses doit sortir incessamment un gouvernement régulier nommé par la nation. L'assemblée nationale constituante étant établie, devra pour sa sécurité, ordonner la fermeture des clubs, des sociétés politiques et de toutes celles qui ont la prétention de diriger l'opinion publique, et qui peuvent d'un moment à l'autre mettre en pratique dans les rues les principes approuvés par leur délibération. Lorsqu'il s'agissait de détrôner un Roi, c'était à Paris, qui lui donnait asile, qu'appartenait l'honneur de le chasser. Mais maintenant le Roi est partout en France, la royauté ou la souveraineté existe autant à Bordeaux, à Lille, à Nancy, à Strasbourg ou dans le dernier village, qu'elle peut subsister à Paris. On ne doit pas souffrir qu'une commune, quelque puissante qu'elle puisse être, vienne par ses caprices modifier la souveraineté du surplus de la nation.

C'est plutôt l'action des clubs, mus et irrités par des meneurs qui masquaient leurs passions de l'utilité publique, qui a détruit notre première République, que les ennemis avoués de cette République : les royalistes légitimistes n'ont pu obtenir de succès que derrière les bayonnettes étrangères. Nous ne savons aucune circonstance où la municipalité de Paris, les clubs des Jacobins ou des Cordeliers, en se révoltant contre le Gouvernement, aient rendu service à la Liberté. Nous avons encore vu l'empreinte, sur les murs de Saint-Roch, des boulets tirés par Bonaparte sur les sections de Paris. Ce sont les clubs, par leurs excès, qui ont rendu impopulaire le Gouvernement Républicain, c'est leur renaissance qui a précipité le Gouvernement du Directoire.

Si les clubs, si la terreur furent utiles pendant un certain temps, pour paralyser, intimider et vaincre les ennemis de l'État, ennemis alors redoutables, parce qu'ils avaient une unité d'action, des préjugés nombreux en leur faveur, l'appui des puissances étrangères et de la pluralité des membres du sacerdoce ; maintenant il n'en n'est point ainsi : les ennemis de notre République sont sans union, sans force ; nous n'avons rien, absolument rien à craindre d'eux ; mais nous avons à craindre de nos amis irréfléchis, égarés, mal éduqués envers les exigences de la Patrie.

Si rien n'est plus convenable que les assemblées de citoyens électeurs avant les élections pour juger du mérite des candidats et motiver le mandat qu'on doit leur former, des exigences de l'opinion publique ; rien n'est moins convenable que des clubs et les sociétés démocratiques qui, en permanence, s'occupent de la chose publique, ils sont une surérogation déplacée auxdevoirs des citoyens, une superposition fort gênante à l'action du Gouvernement : il est à craindre que près de notre assemblée nationale, qui doit être constituante, ils ne veuillent exercer une influence et une intimidation semblables à celles qui furent si malheureusement exercées lors de notre première République. Les départements ne peuvent pas permettre que le peuple de Paris vienne faire la loi à leurs députés. Paris n'est pas la nation et ne peut recevoir le mandat d'agir en son nom.

Il faut qu'on se souvienne que le Français n'exerce sa souveraineté que par mandataires, que c'est cette nomination de mandataire qui forme exclusivement son action dans la souveraineté; or, on ne doit pas admettre qu'après avoir chargé spécialement son mandataire de faire une chose, on ait encore le droit de la faire soi-même, et d'imposer à ce mandataire des conditions différentes de celles qui étaient existantes et connues, au moment où le mandat a été donné : si le mandat devait être perpétuel, il faudrait pour que le citoyen n'aliénât pas sa liberté et son droit, qu'il se réservât la faculté de révoquer le mandataire; mais comme le mandataire n'est nommé que pour un temps limité, si le citoyen trouve qu'on l'a mal représenté, aux nouvelles élections il nommera un autre mandataire, et voilà tout son droit; il peut applaudir, critiquer, demander ou pétitionner, mais il ne doit pas par réunion ou en masse avoir la prétention de diriger et d'imposer quoi que ce soit à son mandataire, et à plus forte raison aux mandataires de ses concitoyens; reconnaître une semblable prétention, ce serait mettre en principe l'anarchie; ainsi, maintenir les clubs, c'est semer l'anarchie sur le sol de France.

On dit qu'on demande aux candidats aux grades d'officiers dans la garde nationale de Paris, quelle sera leur conduite pour le cas où l'assemblée nationale viendrait à prendre des déterminations contraires à l'intérêt du peuple? Dans ce cas nous devons exiger des députés des départements, l'engagement qu'ils ne faibliront jamais devant les exigences ou les intimidations qui pourraient survenir d'un mouvement populaire, qu'ils auront le courage, au milieu du péril, de conserver leur indépendance. Plusieurs membres fort honorables de l'ancien Conseil municipal de Nancy, sont présentés comme candidats à la députation, il est probable qu'ils seront nommés. Nous aimons à penser qu'à l'assemblée nationale ils feront preuve de plus d'énergie qu'ils n'en ont montré au Conseil, en ne s'opposant en rien aux illégalités de l'administration dont ils faisaient partie, et qui portaient des préjudices notoires aux propriétaires.

Il est impossible que la France se gouverne démocratiquement, on ne pourrait assembler la nation comme s'assemblaient les Athéniens ou les Romains; les citoyens de Lille, du lieu qu'ils habitent, ne peuvent discuter avec ceux de Bayonne, ceux de Strasbourg ne peuvent entendre ce que leur diraient les habitants de Brest, mais la démocratie peut être et doit être entière dans l'administration communale.

Au-dessus de la commune, le gouvernement doit être fédératif, et il faut que les citoyens de Paris apprennent à respecter l'indépendance des députés des départemens, comme il faut qu'aux chefs-lieux de départements on respecte l'indépendance des administrateurs nommés par les cantons ou les arrondissements; or, cette indépendance est menacée ou compromise par l'existence des sociétés s'occupant des choses mêmes qui ressortent des attributions directes des mandataires, soit de la nation, soit des arrondissements, soit des cantons.

Qu'on sache bien que la France est appelée à servir de modèle aux gouvernements que la Révolution républicaine fera naître en Europe; il importe donc très-fort à la tranquillité des nations, que le gouvernement français marche régulièrement: rien ne serait plus contraire à sa gloire que les perturbations et les insurrections qui compromettent la sécurité, le crédit, et mettent toujours l'avenir en problème ou en incertitude.

Ce qui sera le plus difficile à créer, ce sera l'administration de la Justice; nos tribunaux ne peuvent rester ce qu'ils sont: leur conservation nous ferait craindre qu'ils ne devinssent plus démocrates que la république, comme ils ont été plus royalistes que le roi, plus ministériels que les ministres. En reconnaissant qu'ils étaient les moins corrompus des agents de l'ancien gouvernement, nous avons cependant fait remarquer que la Jurisprudence avait varié, suivant les opinions ministérielles, et que plus d'une fois la politique ou les influences avaient souillé le sanctuaire de la Justice. Il nous faut des hommes intègres, quelle que puisse être d'ailleurs leur religion ou leurs opinions politiques; il nous faut des hommes qui appliquent les lois avec justice et équité. Ceux-là qui seront intègres, seront toujours bons républicains, parce que la justice est la mère de la liberté, comme l'équité est celle de l'égalité.

Revenant à l'ouvrage que nous donnons au public, nous ferons observer que dans des notes nous avons parlé de l'administration municipale de Nancy. Cette administration vient d'être remplacée; mais l'examen des erreurs ou même des torts de cette feue administration aura peut-être l'avantage d'empêcher les administrations de même nature, de sortir de la compétence qui leur est attribuée par la loi.

D'après notre état social actuel, on trouvera peut-être déplacés certains détails; mais je répète au lecteur, de se rappeler que l'ouvrage a précédé la révolution, et qu'il faut, par la pensée, se reporter au temps où il a été conçu et exécuté. Comme je n'ai point d'éditeur et que de semblables écrits ne peuvent être l'objet de spéculations, ma fortune ne me permet pas de recommencer pour le mettre plus en harmonie avec le temps présent.

AVANT-PROPOS.

Livré à l'étude de l'Histoire de Lorraine, nous nous occupions de la rédaction du septième numéro de nos mémoires relatifs à cette histoire, lorsque, en signalant un fait de captation remarquable, nous crûmes devoir faire une note de quelques lignes, applicables aux circonstances actuelles. Nous étant laissé aller à développer nos pensées sur ce sujet, nous avons de beaucoup dépassé l'étendue d'une simple note. Comme les questions que nous avons traitées sont maintenant à l'ordre du jour, nous avons pensé qu'il serait opportun d'offrir à nos compatriotes ce résultat de nos méditations, sans attendre que nous ayons terminé ce septième numéro ; et nous croyons agir avec d'autant plus de raison que les difficultés du sujet (l'état du peuple au moyen-âge et les affranchissements des communes champêtres) sont si nombreuses et si ardues, qu'elles nous font craindre de ne pouvoir rendre notre œuvre digne de la publicité.

Ce que nous donnons aujourd'hui est inspiré par l'amour de la patrie. Si nous nous trompons sur les moyens d'amélioration, nous accueillerons avec reconnaissance les critiques qui en proposeront de meilleurs, pourvu qu'ils n'attaquent pas le gouvernement constitutionnel qui nous régit. En signalant les abus, les erreurs, nous n'avons en vue que d'améliorer et de consolider le pouvoir établi; en cherchant à l'éclairer, et non à le détruire, nous pensons faire acte de patriotisme, dans le moment surtout où la nature et la véhémence des reproches publics dirigés chaque jour contre les hommes du gouvernement, témoignent que les erreurs de ceux-ci ont excité les passions au point de compromettre l'ordre des choses, tel qu'il est établi.

CHAPITRE Ier.

PRÉLIMINAIRE.

L'histoire ne nous transmet aucune révolution qui ait eu lieu par les caprices du peuple ; elles sont nées presque toutes des intrigues de cours ; quelques unes seulement se sont formées par l'insurrection des peuples qui voulaient réprimer le despotisme, ou les abus de la Puissance. A toutes ces époques de révolution, on promet au peuple prospérité, bonheur et justice ; quelquefois ces catastrophes ont amélioré le sort de la nation, quoique sa volonté n'ait participé en rien à l'événement ; mais lorsque c'est le peuple lui-même qui fait la révolution, qui crée et donne les pouvoirs à la royauté, on doit penser qu'il n'est plus possible de faire renaître les abus qui ont été pulvérisés par la volonté nationale, sans courir les risques éminents de retomber en révolution.

C'est une conception fort heureuse que celle des gouvernements représentatifs. Sous eux il semblerait que toute révolution devienne impossible, parce que la volonté nationale étant toujours représentée, la couronne ne peut que se conformer à cette volonté, et ne doit jamais lutter avec avantage contre l'opinion publique. Si, en France, les gouvernements constitutionnels, antérieurs au pouvoir actuel ont été renversés par le peuple ou n'ont point été défendus par lui, c'est qu'ils ont méconnu l'essence même de leur existence ; c'est-à-dire l'opinion publique, la volonté nationale.

C'est un blasphème politique de supposer que le roi veuille diriger sa puissance à l'encontre, de la volonté nationale, et faire renaître les conflits entre la nation et la couronne. C'est une calomnie de supposer que Sa Majesté puisse être contente de ce qui est offensant à la justice ou à l'équité; car ce serait refuser au roi le bon sens le plus ordinaire : donc, si l'on trouve que la puissance s'égare, on doit penser que Sa Majesté est trompée, soit par ses courtisans, soit par ses ministres. Sous la monarchie pure, en parlant des injustices commises envers le peuple, on disait : Si le roi le savait! Maintenant, à plus juste titre, on doit penser, sinon être convaincu, que le roi ignore les fautes de son administration; et c'est avec raison que ces fautes ne peuvent jamais être reprochées à la couronne, mais toujours aux ministres ou à leurs subordonnés; c'est donc sur ceux-ci que tomberont nos critiques.

On ose imprimer, et l'on répète de tout côté que l'administration est corrompue. Un ministre a été convaincu d'avoir vendu ses faveurs; des dénonciations nombreuses contre les agents de l'autorité se trouvent dans les journaux; au sein des banquets politiques, on boit à la moralisation de la puissance administrative. Dans cette position, il est donc fort utile et même urgent d'examiner si nos lois criminelles peuvent apporter efficacement un remède au mal signalé.

CHAPITRE II.

EXAMEN DU CODE PÉNAL, SPÉCIALEMENT EN CE QUI REGARDE LES COMPLICES, LES CORRUPTEURS ET LES CORROMPUS.

On conçoit qu'il est fort injuste d'appliquer la même peine à des crimes d'une gravité différente. La proportion entre les peines et les délits est tout-à-fait fautive dans nos lois françaises. Cette disproportion a souvent fait innocenter des coupables : les jurés qui ne devraient connaître que des faits et non de l'application de la peine, ont été souvent révoltés des conséquences qui pouvaient résulter d'un verdict de culpabilité, et ont acquitté des gens qui paraissaient évidemment coupables, surtout parmi les complices, qui, d'après nos lois, sont punis de la même peine que l'exécuteur du crime.

Le crime de complicité peut avoir beaucoup de degrés différents, savoir : d'abord, si la complicité a commencé avant l'action, ou au temps de l'action, ou simplement après. L'illustre savant Bentham, dans son traité de législation civile et pénale, M. Pastoret (1) dans son ouvrage des lois pénales, ne confondent pas la participation, la complicité, le recel, avec l'action principale, et reconnaissent que dans les trois catégories distinctes du crime principal, il peut se trouver, en chacune d'elles, beaucoup de degrés différents de culpabilité, qui, d'après l'équité, doivent être réprimés d'une manière différente. C'est ce que méconnaissent absolument nos lois actuelles. Les questions atténuantes, la latitude donnée au juge dans l'application de la peine, ne sauraient se modifier dans les proportions justes de la répression ; ce qui oblige souvent d'absoudre le condamné ou de le recommander à la clémence royale. Mais si nous trouvons notre loi mauvaise, en ce qui regarde la répression des complicités et des recels, elle est plus que mauvaise, elle est ridicule, lorsqu'elle punit de la même peine le corrupteur et le corrompu ; et par ce fait nous démontrerons qu'elle crée un grand obstacle à ce que la vindicte publique puisse saisir un coupable qui a commis le plus grand crime contre la moralité publique, contre la considération due à ceux qui gouvernent l'état ou administrent la justice.

Quelle parité y a-t-il entre celui qui doit rendre la justice et celui qui doit la recevoir ? L'un n'est-il pas payé pour être honnête ? Les pouvoirs qui lui ont été déférés ou conférés ne sont-ils pas la conséquence de la confiance qu'on avait qu'il exécuterait le serment qu'il a prêté, de ne jamais dépasser la légalité et de toujours se conformer à la justice et aux lois ? Car ce n'est que pour assurer le règne de la justice et de la légalité, que les nations ont établi les gouvernements, les magistrats et les administrateurs. Mais, au-dessus de toutes les conventions humaines, et des prescriptions de la loi, il y a la morale universelle. La conscience de l'homme en démontre l'existence ; la satisfaction ou les remords, l'estime ou le mépris, sont les expressions de cette morale, qui juge indépendamment des lois ce qui est juste ou injuste, bon ou mauvais, intègre ou injuste. Est-il moral qu'on puisse modifier sa conscience ? Non ! Le juge ou l'administrateur qui se laisse influencer pour prononcer autrement que sa conscience ne lui en fait un devoir, vole ses gages ou appointements, forfait à son serment, offense au suprême degré celui au nom duquel, roi ou peuple, il rend la justice ou administre ; il pèche contre Dieu et contre les hommes.

Mais ce crime a bien des degrés : il peut se faire que le corrupteur ait eu raison, en ce sens que ce qu'il demandait d'obtenir ne fût qu'une véritable justice ; et que ce qu'il a donné eût pour but d'empêcher le juge ou l'administrateur de prévariquer ou de s'égarer dans son jugement. En ce cas, le moins grave possible, il n'y a offense ni envers le pouvoir déléguant, le roi ou la nation, ni envers Dieu ; car il fallait faire ce qui a été fait. Ainsi, point de réparation à demander en leur nom ; mais il y a abus de position, improbité ; le corrompu a reçu ce qu'il ne devait pas recevoir ; il n'y a dans cette circonstance que le corrupteur qui ait *volé ;* et il pouvait se faire que le magistrat n'eut reçu et promis que parce qu'il trouvait la demande équitable, comme lorsqu'on paie pour obtenir un défrichement qui ne pouvait être refusé, ou pour obtenir ce qui ne peut être rejeté qu'exceptionnellement, et qu'on n'est pas dans l'exception ; enfin lorsque la demande ou la cause, ne peut être refusée ou perdue sans injustice notoire. Nonobstant, il y a forfait, le magistrat n'est plus intègre aux yeux des corrupteurs, ni aux yeux de tous ceux qui ont pu connaître sa conduite : le corrupteur est presque irréprochable, il a le mérite d'avoir découvert une improbité, il rendra service à l'ordre social en faisant connaître à la société un fonctionnaire corrompu. Le juge doit donc déclarer le fonctionnaire indigne de remplir à jamais les fonctions de citoyen, et le condamner à payer deux fois la valeur de la chose qu'il a reçue. L'une de ces valeurs pourrait être restituée au corrupteur, qui récupérerait ce qu'il a donné.

Il faut bien remarquer que, dans la spécialité qui nous occupe, le mot corrupteur est déplacé ; mais je ne trouve pas dans la langue d'épithète qui puisse caractériser d'une manière convenable cette action ; car enfin il n'a obtenu que ce qui lui était dû ; seulement il s'est méfié, et avec raison, d'un individu dont pouvait dépendre le succès de sa cause ; il s'est méfié avec raison, puisque celui sur lequel reposaient les soupçons, a accepté ses offres, au lieu de les repousser avec indignation : et n'est-il pas naturel et légal que chacun puisse, pour se procurer ce qui est juste, employer les moyens qu'il pense devoir lui être utiles, quand ils ne nuisent pas à autrui ? Or, dans cette circonstance, on n'a nui à personne ; et le fait prouve qu'on n'a point offensé un fonctionnaire, puisque celui-ci, par l'acceptation des offres, a fait preuve qu'on avait bien apprécié son caractère méprisable. On pouvait donc penser que, sans la captation dont on a usé à son égard, il aurait pu méconnaître ses devoirs et refuser justice. Ainsi s'efface totalement le blâme qu'entraîne, en général, le mot corrupteur.

Si la corruption a eu pour objet d'obtenir une entreprise, ou une place qui ne doive pas être *livrée* aux enchères, ou au concours, et dont l'obtention constitue seulement une faveur et non une injustice, alors le fonctionnaire a prévariqué au premier degré, en déléguant, en vendant ce qu'il devait donner ; il a volé et escroqué ce qu'il a touché. Mais encore ici le corrupteur n'a fait de tort à personne; nul ne pourrait lui dire : Tu as obtenu ce qui m'était dû à plus juste titre qu'à toi. Il a cherché à faire son affaire bonne : il y a cette différence avec la circonstance précédente, où l'on payait un acte de justice, qu'alors on paie une faveur. Cette différence est donc celle qu'on peut trouver entre la faveur et la justice; la faveur n'est due à personne, et la justice à tout le monde. Pour le corrompu au vol, dont il est coupable, il y a, en plus, offense envers la puissance publique qui ne doit jamais accorder de faveur, mais nommer celui qu'elle croit le plus digne ou le plus capable. Dans ce cas, le corrompu doit recevoir la dégradation civique, la peine prononcée contre les escrocs, et l'amende du double de la somme touchée. Quant au corrupteur, il doit être seulement privé de la place ou de l'entreprise qu'il a pu obtenir, et ne recevoir en aucun cas d'indemnité pour les sommes qu'il a pu payer.

Si la corruption a pour objet une chose qui n'est pas due, constituant une injustice notoire, alors il y a crime contre l'ordre ou l'intérêt public, comme lorsqu'on dissimule des enchères ou qu'on autorise ce que la loi défend, qu'on accorde ou des grâces ou des places à des gens qui n'y ont aucun droit, qu'on reçoit des pièces de comptabilité fausses, qu'on fait gagner un procès contre le droit de l'état. Il y a crime contre le droit privé, lorsqu'on fait gagner un procès contre un particulier qui avait le droit et la justice pour lui. Dans ces cas, le corrompu est traître à tous ses devoirs, voleur, hypocrite; il mérite d'être dégradé sur l'échafaud destiné aux criminels; il doit être condamné à un bannissement perpétuel et aux indemnités des torts que son délit a occasionnés, et au double des valeurs qu'il a pu recevoir (2). Dans le cas où le délit n'a outragé que les intérêts privés, la peine doit être la dégradation civique simple avec bannissement à temps, l'indemnité envers la personne lézée, et l'amende du double de la somme touchée.

Toujours on a supposé le juge intègre; c'est la présomption de la loi : de telle sorte que dans les jugements évidemment fautifs, on veut que le juge ait erré sans préméditation, qu'il se soit trompé en conservant sa conscience pure de tout reproche; ce qui n'a pas lieu dans notre supposition de corruption. Autrefois, dans notre ancienne jurisprudence lorraine, les prévôts, les baillis ou lieutenants des baillis, étaient obligés, sur l'appel de leur sentence, de venir devant la juridiction supérieure, défendre leur bien-jugé : alors même que, sans suspecter, le moins du monde, leur bonne foi ni leur probité, on trouvait qu'ils avaient méconnu la loi, ils étaient condamnés à tous les frais d'appel. On trouve dans les lois de France les traces d'un semblable droit, par exemple l'article 6 de l'ordonnance de Charles VII, rendue à Angers en février 1443, condamne à l'amende, envers le roi, les juges qui rendent des sentences absurdes, jugées telles sur appel. Voyez le Recueil des anciennes lois françaises, tom. 9, page 5. Si quelque chose de semblable subsistait encore, il est à croire que les juges deviendraient plus attentifs aux jugements qu'ils rendent; et nous ne verrions pas tant de jugements et d'arrêts cassés, et qui font de notre jurisprudence un véritable dédale, où la chicane trouve des armes de toute espèce; en sorte que nul, avec la conscience de son bon droit, n'est sûr du gain de sa cause. Si autrefois, lorsque l'administration de la justice formait un revenu de l'état ou du prince, et que par conséquent la multiplicité des procès était chose fort avantageuse et très-productive, le juge honnête était condamné à réparer le tort que ses erreurs pouvaient porter à autrui, aujourd'hui que l'administration de la justice n'est plus considérée comme un revenu de l'état, et que le juge honnête, mais ignare ou involontairement partial, est protégé par la loi, au point de ne plus devoir d'indemnités à ceux auxquels il porte préjudice, on doit au moins trouver très-justes les peines sévères que nous venons de classer contre les fonctionnaires coupables de forfaiture, de concussion ou de corruption.

Quant à la partie qui a corrompu pour profiter d'une injustice, évidemment elle a payé pour pouvoir voler ce qui ne doit, à aucun titre, lui appartenir. Cette circonstance est divisible en deux : il a volé ou l'état, ou un particulier; s'il a volé l'état, que le magistrat corrompu devait défendre, il doit être puni comme voleur avec fausse clef, et payer en outre les indemnités pour le tort fait à l'état; si c'est envers un particulier qu'il a failli, il doit être traité comme pour vol opéré dans une maison habitée, et payer en outre les indemnités dues pour le dommage causé à l'individu, soit dans sa fortune, soit dans sa réputation, enfin subir des peines inférieures d'un ou deux degrés à celles qui sont encourues par le corrompu.

Sans doute, il serait très-malheureux qu'il fût vrai qu'en France le nombre des fripons est très-considérable; mais au moins faut-il reconnaître que le nombre des honnêtes gens est plus que suffisant pour fournir des magistrats et des administrateurs. Ainsi le gouvernement a encore une grande latitude dans ses choix : que ces choix ne tombent que sur des hommes d'honneur, et la moralité publique sera bientôt rétablie. L'influence du gouvernement est immense sur la nation ; c'est toujours des gouvernants que sortent les fautes qui troublent ou révolutionnent l'état ; et la plus grande de toutes ces fautes est d'avoir confiance en des gens indignes d'estime.

Dans toute cette dissertation, il ne faut pas perdre de vue que le délit du corrupteur n'est point égal à celui du fonctionnaire corrompu. Nous l'avons dit, le particulier n'a point prêté serment d'être juste, de connaître les lois pour les appliquer; il ne reçoit pas d'argent de l'état pour remplir cette honorable mission ; il ne jouit point des honneurs, des déférences qui peuvent être dues à ceux qui ont une délégation du pouvoir souverain. Quand il commet un délit, il ne trahit pas son serment ; il ne mésuse pas de la confiance publique, il ne trompe pas, il n'est point hypocrite ; en payant, il a dû penser qu'il obtiendrait une faveur ; il a reconnu par le fait que, sans son argent, on aurait pu lui refuser ce qu'il demandait; il a acheté ce qui ne doit pas se vendre, ce qui n'est pas légalement dans le commerce : sans doute, il y a faute ; aussi voulons-nous qu'il soit puni ; mais il n'est pas obligé de connaître les lois comme le corrompu, comme ceux qui sont supposés les connaître dans l'ordre social, et qui reçoivent des émoluments à raison même de cette connaissance: il est donc absurde et notoirement injuste de punir les deux individus de la même peine.

C'est un principe archi-faux du droit romain, adopté en totalité par notre code pénal, qui fait appliquer aux complices, aux corrupteurs, la même peine qu'aux criminels et aux corrompus. Je crois que cette erreur ne fait pas question chez les criminalistes, qui entrent dans une foule de distinctions dont aucune n'est admise par la loi, quoique quelques-unes d'elles soient évidentes d'équité ; on pense justifier l'injuste répartition des peines, soit d'après le droit romain, soit d'après notre droit français actuel, en disant : s'il n'y avait point de receleurs, il n'y aurait point de voleurs ; s'il n'y avait point de corrupteurs, il n'y aurait point de corrompus ; si, etc. Il n'est pas difficile de démontrer la fausseté d'un semblable raisonnement : il est vrai de dire que quelques vols, quelques assassinats n'auraient point eu lieu, si les criminels n'avaient point eu de recéleurs ou de complices; mais un grand nombre de vols et d'assassinats ont eu lieu sans le moindre concours de recéleurs ou de complices. Quant aux corrompus, ces hommes subsistent indépendamment des corrupteurs; ceux-ci ne font que les découvrir; ils ont en cela d'autant plus de mérite, que par la loi, art. 179, du code pénal, toutes les tentatives de corruption sont sévèrement réprimées. Auprès d'un homme d'honneur, toute tentative de corruption est une offense qu'il ne laisse pas impunie. Si le corrupteur s'est trompé sur le caractère de celui dont il veut acheter le crédit, la moindre punition qu'il a pu encourir, est de trois mois de prison et une amende. Mais il ne s'est point trompé, parce que la perversité de l'individu lui a été révélée par quelques bassesses, ou par quelques preuves de partialité. Ainsi, il ne fait naître qu'un accident qui met en évidence le caractère méprisable du corrompu. On doit donc traiter de préjugé absurde l'adage ou le dicton du droit romain, qui met sur les mêmes rangs, les recéleurs et les voleurs, les corrupteurs et les corrompus.

Faisons remarquer qu'il n'y a pas similitude de rapport entre les complices, les corrupteurs, les criminels et les corrompus.

Le complice participe directement ou indirectement au crime, tandis que le corrompu agit sans le concours du corrupteur. Le complice et le corrupteur doivent, sans doute, avoir des bénéfices; mais ces bénéfices sont de natures bien différentes : l'un paie pour obtenir, l'autre est payé pour donner; ici c'est le complice qui reçoit pour cacher le crime, il se trouve être le corrompu : le corrupteur est le premier moteur, le corrompu est le second. Le criminel est le premier moteur, le complice est le second; et souvent celui-ci est entraîné dans la complicité à des degrés bien différents et par des faits qui peuvent le rendre plus ou moins excusable. Il n'y a donc aucune parité entre un complice et un corrupteur; et en tout état de cause, c'est une injustice encore de les égaler aux criminels et aux corrompus. Les faux principes nuisent essentiellement à une bonne administration de la justice. Les corruptions s'exercent ordinairement entre quatre yeux, ne laissent point de trace, excepté chez les imprudents et chez les éhontés. Ainsi, le corrompu se croit certain de l'impunité, le corrupteur ne pouvant avouer son action sans courir les risques d'être puni comme le corrompu, de même que pour le complice qui souvent a pu être entraîné dans sa position malgré lui ; alors, si un accident extraordinaire ne survient, si la providence n'a point suscité quelques témoins, les forfaits les plus épouvantables restent impunis ; tandis que, si les peines étaient mieux ou plus équitablement graduées, les grands criminels pourraient être saisis par le fait même des complices ou des corrupteurs. Pourquoi ne pas admettre pour la corruption des magistrats ou des administrateurs, ce qui est admis par le Code pénal, article 108, en faveur des complices, dans les attentats contre la sûreté intérieure ou extérieure de l'état ?

Cet article grâcie ceux des complices participants qui viennent dénoncer ou faciliter l'arrestation des coupables. Est-ce que les fonctionnaires publics qui rendent immorale l'administration du gouvernement, ne compromettent pas la sécurité du pouvoir même ? Est-ce qu'ils ne le déconsidèrent pas aux yeux des administrés, et par conséquent ne le privent point d'une partie de l'affection des citoyens, affection beaucoup plus utile au pouvoir que les forces physiques ? Un gouvernement équitable, aimé et respecté, n'est-il pas invincible ? Ce qui peut porter atteinte à ces sentiments est donc le plus grand, non des délits, mais des crimes.

Il faut faciliter par tous les moyens possibles, la chasse aux fonctionnaires fripons, dût-on, pour y parvenir, employer les fripons privés, comme le fait la police, en prenant à gages les voleurs les plus exercés.

Si l'on en croit les journaux, la corruption, cette peste de l'ordre social, aurait atteint, en France, bon nombre d'administrateurs ; le procès Teste ne présenterait malheureusement pas une exception unique ; et dans les banquets civiques on ose boire à la moralité du pouvoir, ce qui suppose son immoralité actuelle. Le gouvernement ne semble pas être ému des faits que l'on avance ou que l'on articule, pour justifier une semblable témérité. Mais, quelle que soit la vérité, ce sera toujours un bienfait national que de faciliter les moyens d'épurer les administrations des membres corrompus qui peuvent les compromettre. On parviendra sûrement à cette épuration, en graduant d'une manière plus convenable les peines qui peuvent atteindre les corrupteurs et les complices. Le soupçon seul de ce mal effroyable doit suffire pour faire admettre en principe que le corrupteur qui dénoncera le corrompu sera absous, ou frappé de peines atténuées, comme ayant rendu un service d'ordre public; et alors la corruption ne pourra plus s'établir avec la même facilité. Celui même qui aurait la plus grande envie de se vendre n'osera plus le faire; celui qui s'est précédemment vendu recevra la juste peine que son action cachée lui a méritée. »

Qu'on ne vienne pas dire que c'est encourager la délation, d'accorder l'impunité aux délateurs, qu'il ne faut pas encourager ceux qui dénoncent leur propre honte, etc., etc. Ce serait sur le tout se méprendre étrangement. Le délateur est celui qui nuit à ses compatriotes, en ne leur supposant pas les qualités qu'ils peuvent avoir, et par là les prive de certaines considérations ou de places que, sans sa délation, ils eussent obtenues. Les délateurs sont ordinairement les favoris des despotes; ce sont eux qui désignent au prince les personnes qu'ils croient dignes ou indignes des faveurs du maître; ce serait un délateur que celui qui, dans notre gouvernement actuel, détournerait un ministre d'accorder une place, sous prétexte que celui qui la sollicite n'est point conservateur ministériel, mais qu'il est libéral approuvant l'opposition, ou bien ultramontain, légitimiste. Mais ici il n'y a rien de semblable, le corrupteur devient dénonciateur. Loin qu'un dénonciateur ait jamais été blâmé de son action, lorsqu'il fait connaître un crime, c'est un bienfaiteur envers l'ordre social; on le loue, on ne peut être que reconnaissant à son égard.

L'épithète de délateur ne peut dans aucun cas lui être applicable. Mais peut-on lui reprocher d'afficher sa honte sur ce point? Il faut distinguer. Quelle honte y a-t-il à payer pour obtenir un défrichement ou une faveur, ce qui consisterait à avoir un peu plus tôt tel avantage qui doit être obtenu un peu plus tard? à payer pour obtenir de préférence sur un autre une place à laquelle on a droit, ou pour obtenir justice? Certes, dans toutes ces circonstances il n'y a pas honte, il y a seulement irrégularité; on a usé de la connaissance que l'on avait de l'immoralité de celui auquel on s'est adressé, on a fait un paiement illégal : et ce paiement perdu est une peine suffisante. (Voy. Dig. liv. 48, tit. 14, § 1, ali. 2.) La honte tout entière retombe sur celui qui a touché le prix de son déshonneur. Faire purger l'administration publique des personnes qui sont indignes de l'estime, c'est rendre un service signalé au gouvernement; et dans ces circonstances, ce but excuse les moyens; et l'irrégularité ou illégalité reprochable au dénonciateur doit lui être pardonnée.

Mais il y aura honte, si la corruption a eu pour objet une injustice, comme d'innocenter un coupable, ou de faire accorder ce que l'on ne devait pas obtenir, ce que les lois défendaient de donner. Et c'est dans ces circonstances que, pour raison d'utilité publique, nous proposons, d'après le texte de l'art. 108 du code pénal, qu'on prononce la grâce ou au moins qu'on diminue la peine de celui qui, contrit de sa faute, vient, pour la réparer autant qu'il est en son pouvoir, dénoncer sa propre honte; cette contrition doit être prise en grande considération; elle peut, dans le système civil, comme en religion, faire prononcer une absolution complète.

Dans tous les gouvernements on a puni sévèrement ceux qui ont abusé de leur puissance. Pour ne citer que ce qui s'est passé en France, nous rappellerons que Marigny, premier ministre sous Philippe-le-Bel, fut pendu en 1315; que Pierre Remy, ministre sous Charles-le-Bel, fut pendu en 1328; que Gérard de la Guette, ministre, mourut à la question en 1322; que Macé de Maché, trésorier, René de Siran, changeur, furent pendus sous le même règne; que Desmarest, avocat du roi sous Charles VI, fut décapité (l'histoire n'en parle que comme d'une victime); que Jean Montagu, surintendant des finances en 1409, et Pierre des Essarts, aussi surintendant, eurent la tête tranchée; que Jean de Bethisac, secrétaire des finances, fut brûlé; qu'Olivier le Daim, ministre sous Louis XI, fut pendu en 1484; que Charles de Melun, grand-maître de France, eut la tête tranchée en 1468, etc., etc., etc.

En Angleterre, le nombre des ministres accusés de péculat est plus nombreux qu'en France. L'illustration et le mérite universel de Bacon n'ont pu le mettre à l'abri des peines qu'il avait encourues étant chancelier (3).

La chambre des pairs a reconnu l'injuste répartition des peines de droit, lorsque, dans l'affaire Teste, nonobstant le texte formel de la loi qui prononce même peine contre les corrupteurs et les corrompus, elle a frappé d'une peine beaucoup moins forte les corrupteurs : cela m'a paru équitable, quoiqu'illégal (4).

CHAPITRE III.

DE LA LOI ÉLECTORALE ET DE LA BRIGUE DANS LES ÉLECTIONS.

Les ambitieux, pour parvenir à leur but, emploient divers moyens illicites : de ces moyens nous n'examinerons que la brigue, qui est une corruption ou un délit spécial aux gouvernements qui adoptent l'élection de diverses magistratures par les suffrages des citoyens. C'est une corruption exercée sur un plus ou moins grand nombre de citoyens, afin de s'assurer de leurs suffrages. A Athènes, à Rome, où les premières places étaient électives, il était naturel que les ambitieux usassent de divers moyens en leur puissance, pour obtenir des suffrages. Les moyens apologétiques ou critiques étaient légaux. Les achats par remise de valeur étaient réprouvés comme simples délits. La promesse d'user de la puissance sollicitée pour donner des avantages, était un crime chez les Romains. Les lois sur cette matière étaient nombreuses ; les lois *Calpurnia*, *Cœcilia*, *Junia*, *Servilia*, *Julia*, sont citées par les jurisconsultes et les orateurs Romains, sans que nous en connaissions le texte ; il nous en reste seulement des dispositions isolées ; mais sur cette matière nous avons le texte des douze tables, table 9, loi 3, institut. liv. 4, tit. 18, § 11, Dig liv. 48, tit. 14, cod. liv. 9, tit. 26. Il faut remarquer que, chez les Romains, la pénalité a varié suivant les changements survenus dans les principes du gouvernement. Sous la république, la peine est sévère : on est déclaré à jamais indigne des suffrages publics. Plus tard, les droits de citoyen sont suspendus pendant cinq ans, ensuite pendant un an. Enfin les empereurs s'étant attribué toutes les nominations, ces lois se sont alors trouvées sans objet; et même celles sur la concussion ne reçurent plus leur application. C'est effectivement le fait d'un gouvernement qui tend au despotisme, de corrompre le civisme des citoyens, en leur permettant impunément de soigner leurs intérêts personnels au détriment de ceux du public. En approuvant l'égoïste qui préfère les faveurs du maître à la considération de ses compatriotes, le chef de l'état qui croit pouvoir se passer de l'opinion des citoyens, approuve fort ceux qui la dédaignent comme lui. Les courtisans, les favoris du prince, sont nommés préteurs, préfets ou gouverneurs des provinces. On admet encore que ces places doivent faire la fortune de ceux qui en sont pourvus, que ceux-ci puissent exploiter leurs administrés, se permettre toute espèce de concussion, pourvu que le tout ne porte pas le peuple à la révolte. Et le fait de la révolte arrivant, on dit le concussionnaire maladroit, on lui enlève sa place : et voilà toute la justice qu'obtiennent les plaintes dirigées contre lui. Telle fut la conduite des empereurs du Bas-empire : c'est ce que prouvent encore l'histoire des rois d'Espagne, et les insurrections triomphantes de Venise, de la Suisse, de la Hollande, des Pays-Bas etc. Si les cris, les plaintes des citoyens, ne sont point assez énergiques pour intimider le despote, si celui-ci croit pouvoir les dominer, les plaintes et les cris, quelques légitimes qu'ils puissent être, sont des crimes que le despote lave dans le sang de ses sujets.

En France et en Angleterre, jamais la puissance souveraine n'a été aussi outrageante envers l'opinion publique. Si toutes les malversations n'ont point été punies, si quelquefois les surintendants des finances ont pu impunément commettre des concussions, ce ne fut jamais avec l'agrément du roi; et nous avons cité plus haut des ministres qui ont été sévèrement punis. Maintenant que nous avons le bonheur d'avoir un gouvernement constitutionnel, dont le but, bien clairement posé dans les constitutions ou chartes, est de régir l'état dans l'intérêt de la nation, et non pas dans l'intérêt de la puissance, il doit être de principe que l'opinion publique (ce qui est synonyme de la volonté nationale) domine les opinions et les désirs du chef de l'état. On doit reconnaître que la nation n'appartient pas au roi, mais le roi à la nation; d'ailleurs ce principe est le palladium, l'égide, la sûreté du roi; il lui apprend que les caprices de sa puissance à l'encontre de l'opinion publique, peuvent seuls compromettre sa couronne, sa personne et ses droits; et l'on ne saurait concevoir qu'il vienne à l'idée d'un homme raisonnable, qui a été posé sur le bouclier du peuple pour atteindre à la royauté, de jamais dédaigner l'opinion publique, et de penser qu'il puisse, à l'exemple de l'empereur d'Autriche et du roi de Naples, imposer sa volonté à la nation par ses canons et ses bourreaux. On n'a garde d'oublier que nous avons eu une révolution en 1830, pour effacer de notre pacte constitutionnel le mot octroyé, et donner la leçon à un roi qui oubliait ses serments. Donc, dans les principes de notre gouvernement actuel, on doit juger que tout ce qui peut mettre obstacle à l'opinion publique, ou empêcher qu'elle n'arrive jusqu'au roi, est un crime de lèze-nation. Tout ce qui peut entraver les élections, leur imposer une direction, est réellement criminel.

La presse et les élections sont les seuls moyens que les lois nous accordent pour manifester nos pensées; il est du devoir de tout bon citoyen de surveiller la conservation la plus intacte de ces droits, d'en demander même l'extension; car ce sont ces droits, la liberté de la presse et de l'élection, qui sont les seuls gardiens du trône et de la nation, comme faisant connaître la volonté nationale, contre laquelle nulle résistance n'est possible. Et qu'on ne croie pas que, lorsqu'on a obtenu quelques succès partiels, ayant pour objet de fausser nos élections, en leur faisant produire des élus qui, sans des menées plus ou moins blâmables, n'eussent point eu la majorité, lorsqu'on est parvenu à comprimer la presse, dont le langage peut quelquefois être fort inconvenant, parce qu'en énonçant des faits vrais, il offense des personnes qui ont de l'influence ou du pouvoir, qu'on ne s'imagine pas que de semblables moyens fassent gouverner avec sécurité! Ces moyens n'auront fourni qu'une opinion factice, évidemment l'expression d'une minorité.

La volonté nationale, quoique masquée, ou non exprimée, n'en existe pas moins. Quoi! ne se souvient-on plus que cette volonté ou opinion nationale fait des miracles! N'a-t-on pas vu, en France, des changements de gouvernement qu'on ne pouvait prévoir deux jours à l'avance! Qui peut affirmer que, lorsque la marche du gouvernement sera faussée, un événement providentiel ou plutôt funeste ne surgira pas et ne fera pas naître une commotion, une révolution? Evénements très fâcheux, redoutés de tout patriote! On doit donc toujours accueillir favorablement toute pensée qui peut avoir pour objet d'obvier à un semblable malheur.

Evidemment tous les Français n'ont pas les mêmes opinions, les mêmes désirs. La majeure partie des personnes âgées, des gens riches, des hommes bien placés et soldés par l'état, s'épouvantent de toute nouveauté; ce sont des conservateurs borgnes qui redoutent toujours que, d'innovations en innovations, on ne finisse par attaquer leur position. Le malheur de la plupart d'entre eux est de méconnaître tout-à-fait l'histoire de notre révolution, dont les fastes ont été bien plus exploités par le parti aristocratique de l'ancien régime, que racontés par le bon sens d'une philosophie indépendante (5). Ce parti, qui redoute tout changement soit dans nos lois, soit dans le ministère, est nul aussitôt qu'il peut être débordé; la plupart de ses membres accourent et cherchent à se faire accueillir par les nouveaux parvenus; les sept huitièmes ne sont que des Protées, vrais tourne-sol qui suivent toujours les distributeurs des grâces. Ce parti trouve dans son sein bon nombre de ce qui nous reste de républicains, d'impérialistes, de royalistes, de sujets fidèles, qui ont prêté avec enthousiasme tous les serments, variables, suivant les circonstances. C'est de là que sortiront ceux qui, à la chûte d'un ministre, écriront avec le plus de violence contre le disgrâcié, lequel n'aura jamais alors eu leur con fiance; et leurs écrits seront d'autant plus violents qu'ils en auront reçu plus de faveurs. Au cas de crises, ils se cacheront, comme ils l'ont fait en 1830. Un ministre qui compterait sur les sacrifices et le courage de ce parti, pour maintenir un ordre de choses quelconque, réellement menacé, ne recevrait que des déboires, et verrait la majorité de ce parti, qui n'est inspiré que par l'égoïsme, rester coite et observatrice, afin de pouvoir tourner comme une girouette au premier vent naissant: les plus ambitieux feraient défection. Sans doute il peut se trouver parmi eux des français, mais ils y sont en petit nombre; nous disons français, et non patriotes: expression d'ailleurs plus convenable pour l'opposer aux épithètes de royalistes, de ministériels Guizotins ou autres, gens plus attachés à la légitimité, à certains ministres, à l'école de certains principes ou à leurs places, qu'ils ne le sont à la France. S'appuyer exclusivement sur ce parti, c'est donc s'avancer sur une mare dans laquelle on ne peut que s'enfoncer. Cependant c'est ce parti qui, dans beaucoup de colléges électoraux, forme la majorité des électeurs (les vieillards, les gens riches, les personnes bien rentées par l'Etat) : certes, ce ne sont pas eux qui peuvent indiquer le besoin de la France; au lieu de chercher leurs inspirations dans les besoins du peuple, ils s'inspirent des désirs des ministres; et il est bien rare que chez cette espèce de personnes les demandes du ministre soient rejetées. Un collége électoral ainsi composé n'est qu'une illusion de ce qui devrait être; il ne représente pas la population du territoire qu'il occupe : loin de là, souvent les intérêts ou les besoins de la majorité des habitants sont en opposition absolue avec les désirs ou les intérêts des membres les plus influents du collége.

Les preuves de ce qui précède sont multiples; il y a même plus : c'est que bon nombre de députés ont été nommés par des électeurs qui ne les connaissaient pas autrement que par les recommandations des préfets ou autres fonctionnaires publics, auxquels les ministres avaient indiqué le candidat. Ce fait est évidemment la preuve que les électeurs ont bien voulu recevoir leur inspiration d'en haut, c'est-à-dire de ceux-là mêmes qui doivent être jugés, approuvés ou censurés, par l'élu qu'ils ont proposé, qu'ils ont appuyé, le connaissant sans doute comme un des adulateurs ou admirateurs du ministère. Cet élu est donc l'obligé, le compère de celui dont il doit juger l'administration. Cela est-il juste ? Cet homme est-il un représentant, un mandataire de la population qu'il ne connaît pas et dont il n'est pas connu ? N'est-il pas l'homme du ministre ? Ces faits sont monstrueux, sous le rapport de la représentation nationale; car ils forment la parodie d'une véritable représentation : mais les dispositions de notre loi électorale viennent en aide à cette construction hypocrite de notre représentation. Dans plus de la moitié des colléges électoraux il ne se trouve pas un seul éligible remplissant les conditions exigées par la loi, qui puisse mériter la confiance de ses compatriotes, et recevoir le mandat de député, le remplir gratuitement, sans se faire payer, sans accepter de fonctions salariées. En général, il est fort rare de trouver des personnes qui consentent à sacrifier huit mois de l'année et sept à huit mille francs, au moins, pour soigner les intérêts de l'Etat. Beaucoup d'éligibles ne pourraient, sans se ruiner, faire ce sacrifice. On manque donc de candidats à la députation ; et dans cette pénurie les succès du ministre n'ont rien d'étonnant. Il ne faut pas que la députation puisse être le désir d'un homme cupide ; mais il faut aussi que le député soit indemnisé des dépenses qu'il est obligé de faire. Que l'on solde les députés, et les candidats se multiplieront, et les succès du ministre seront moins faciles.

Dans le collége dont je fais partie, il se trouve six cent quatre-vingt-trois électeurs ; et sur cent quarante éligibles, quarante-huit seulement me paraissent pouvoir soutenir la dépense de la députation, sans se ruiner. De ces quarante-huit, quinze n'ont aucune probabilité d'obtenir une voix ; dans les trente-trois restants, douze sont d'une capacité intellectuelle reconnue ; la moitié d'entre eux sont fonctionnaires publics ; dans les six autres, se trouvent trois rentiers et trois industriels. M. Moreau est le député de ce collége : ce n'est pas lui qui, lors de sa première nomination, s'est présenté comme candidat ; il n'y songeait pas. Les partis qui divisaient le collége, pour ne pas voir triompher leurs adversaires, sont allés lui offrir la candidature. A cette offre, il a déclaré que l'état de sa fortune ne lui permettait pas d'accepter un tel honneur, si on lui retirait la faculté de solliciter une place salariée par l'état. M. Moreau venait d'acquérir des droits à l'estime, par la manière dont il remplissait les fonctions de maire de Nancy ; on accepta sa réserve, et M. Moreau fut nommé à une grande majorité : il est devenu premier président de notre cour royale, et depuis il a été réélu diverses fois. Il ne s'est présenté aucun candidat sérieux pour lui disputer la députation ; et nous ne croyons pas qu'il puisse s'en présenter avec des chances de succès. Quoique ministériel, M. Moreau, par l'impartialité de son obligeance envers tous les partis, a forcé la reconnaissance des personnes les moins ministérielles possibles : celles-ci aiment à ne voir dans ses votes que l'expression de ses convictions, et non celle des calculs d'une ambition servile.

Mais ce fait prouve que dans mon collége nous manquons de personnes non salariées par l'état, pouvant par leur mérite réunir les suffrages, et sans porter atteinte à leur fortune remplir les fonctions de député. Nous avons bien indiqué qu'il y avait six personnes riches, intelligentes et non salariées par l'état ; mais par diverses raisons, qui n'ont rien d'offensant pour elles, il n'est pas probable qu'aucune d'elles puisse espérer de réunir une majorité de suffrages. On sent bien que nous ne pouvons appuyer les détails que nous venons de donner, par des noms ; mais ceux qui, comme nous, connaissent la localité, peuvent prendre la liste électorale de 1846, et chercher à rectifier notre compte : nous sommes sûr que presque tous trouveront que nous avons porté trop haut nos chiffres, indiquant les capacités et ceux des riches qui pourraient sans gêne supporter la dépense de la députation.

On n'a pas remarqué que, sous la restauration, l'exigibilité du cens ou du revenu foncier, soit pour l'électorat, soit pour la députation, était la fausse application d'un principe bon sous l'ancienne monarchie féodale. Autrefois, aux états, les seigneurs représentaient leurs vassaux : les marquis, les comtes étaient les représentants nés des marquisats, des comtés, c'est-à-dire des populations que contenaient ces fiefs. Ce n'était pas comme gentilhomme que l'on était convoqué aux états ; c'était comme représentant le fief dont on portait le nom. Ainsi, c'étaient les habitants qu'on représentait, et non le sol. Maintenant qu'il n'y a plus de vassaux, il est ridicule de venir, comme propriétaire de tant d'hectares de terre, se faire un titre à reconnaître les besoins des citoyens, propriétaires ou non, habitant près ou loin du sol qui doit donner cette connaissance. C'est l'intelligence, ce sont les pensées qu'on doit représenter ; et en quoi, s'il vous plaît, un hectare ou un écu de plus peut-il augmenter la connaissance de l'opinion publique, qu'on doit connaître et chercher à faire dominer dans les discussions aux chambres ? en rien, sûrement. Si les riches sont fort intéressés à la conservation de l'ordre, ils croient souvent aussi pouvoir se passer de connaissances, tandis que l'homme d'une fortune médiocre est toujours intéressé à s'instruire ; si souvent la richesse et la sottise vont de compagnie, le génie et le mérite réel sont souvent aussi les compagnons de l'infortune. Peut-on croire qu'une grande réunion de citoyens fixera son choix sur un brouillon ? Mais c'est insulter à la nation, au bon sens du dernier manœuvre, que de nous crier que l'abolition du cens, qu'on exige maintenant des députés, nous amènerait la loi agraire, le communisme ou un régime à la Robespierre ! C'est un épouvantail croque miton mitaine, ogre, vampire, dont les charlatans se servent pour effrayer les vieux enfants, qui craignent d'être interrompus dans leur sommeil léthargique.

Ce n'est que sous la restauration qu'on a exigé des députés qu'ils payassent un cens de 1000 fr., ce qui suppose un revenu territorial de 10 à 12,000 fr. Maintenant on n'exige plus que moitié ; cela a-t-il produit des députés patriotes? Parmi nos compatriotes Lorrains, nous en pouvons citer jusque trois ou quatre ; mais, aux états généraux, pas un de nos députés du tiers état, pas un de nos représentants à l'assemblée nationale, à la convention, au conseil des cinq cents ou des anciens, pas un ne remplissait cette condition d'un revenu territorial de 10 à 12,000 fr., ni même de moitié. Quoi, dira-t-on que MM. Coster, Prugnon, Poulin-Grandpré, Salle, Grégoire, Perrin, Boulay de la Meurthe, Régnier, Jacqueminot, Molleveau, Malarmé, François de Neufchâteau, etc., etc., etc., étaient des gens incapables, indignes ou intrus, parce qu'ils n'étaient pas riches? Oui, il est certain qu'il existe plus de gens dignes de la députation, ne payant pas le cens électoral de député, qu'il n'en existe payant le cens. Ne reconnaît-on pas la vérité de ce fait, lorsqu'en parlant de la liste du Jury, on nomme capacités ceux qui ne sont pas électeurs? N'est-ce pas reconnaître par antithèse que le surplus contient les incapables ou les sots? Est-ce qu'il ne doit pas paraître absurde de dire : « Vous êtes reconnu avoir la capacité nécessaire pour décider si un homme doit être pendu ; mais, si vous ne possédez pas tant d'hectares de terrain, vous ne pouvez être inspiré convenablement pour juger lequel de vos concitoyens est digne de s'occuper des intérêts de la nation comme député ; cette capacité particulière ne s'acquiert qu'avec la propriété, au bout de l'an et jour que vous aurez passé contrat d'achat d'un sol payant deux cents fr. de contribution ; l'esprit de discernement nécessaire viendra seulement alors éclairer votre intelligence ». Il faut qu'on le pense ainsi, pour refuser l'électorat aux docteurs, même en droit public, aux professeurs émérites et à plusieurs autres qui se trouvent sur la liste des jurés. Mais, c'est préférer, pour aller en chasse, une buse bien grasse à un épervier bien maigre!

Voici une preuve de nomination contre l'intérêt de la population locale : L'arrondissement de Sarrebourg contenant beaucoup d'ouvriers de manufacture, est peuplé d'un grand nombre de gens pauvres et d'un petit nombre de très-riches propriétaires (pour 78,215 âmes, 116 communes, 260 électeurs). Dans le même temps que cet arrondissement réclamait du département des secours, qu'on faisait quêter pour venir en aide à ses nombreux pauvres, les Chambres avaient décidé que le canal de la Marne au Rhin ne serait pas prolongé au delà de Nancy. Cette décision ne faisait pas l'affaire de l'ingénieur en chef de ce canal, homme de beaucoup d'esprit et de moyens. Il entreprit de faire réformer la décision des Chambres; il tâcha d'intéresser à sa cause l'arrondissement de Sarrebourg, qui, par l'établissement du canal passant sur son territoire, devait recueillir divers avantages; et dans son ouvrage du *Concours des canaux et du chemin de fer*, il dit que les forêts sont nombreuses, que les grains s'y vendent au plus bas prix, et qu'ainsi, au moyen de l'établissement des chemins de fer et des canaux, ils auront l'avantage de vendre plus cher le bois et le blé. Dans l'arrondissement de Sarrebourg se trouvent beaucoup d'individus ayant pour seule industrie ce qu'on appelle le petit roulage, qui consiste à amener aux manufactures les matières premières et à conduire aux consommateurs les produits des manufactures. Le canal rendra tous ces services, et fera par conséquent de tous ces industriels autant de rentiers à revenus sur la commisération publique, augmentant le nombre de leurs compatriotes, dont la misère implore les secours des âmes charitables du département. Et c'est au moment même où les plaintes et les cris de détresse des gens de l'arrondissement de Sarrebourg retentissaient tout autour de nous, que M. Collignon, l'ingénieur en chef du canal, auteur de la brochure citée, fut nommé député de cet arrondissement! Croit-on que les membres du collége, qui ont fait cette nomination, aient voulu procurer à leurs compatriotes l'avantage immense de payer, à l'avenir, plus cher les deux objets de première nécessité, le bois et le pain, d'augmenter la satisfaction des âmes charitables en multipliant le nombre des pauvres? Certes, M. Collignon a beaucoup de talent; mais nous ne pensions pas qu'il en eût assez pour faire mentir le proverbe : Ventre affamé n'a pas d'oreilles. Sans doute, les oreilles qu'il a charmées n'avaient point de ventre. Ce député représente bien les riches et les industriels de la localité, qui seront sans doute fort contents de vendre plus cher leur bois et leur blé, ou de pouvoir fabriquer à meilleur compte; mais représente-t-il le surplus bien plus nombreux de la population, qui a des intérêts tout contraires à ceux de ce petit nombre de riches? Croit-on qu'on doive se consoler, lorsqu'on manque de pain, par la pensée que le voisin en a beaucoup, et qu'on doive être heureux que tel procédé, qui nous a enlevé les travaux ou l'industrie qui nous faisait vivre, ait profité à tel industriel? Il faudrait qu'il en fût ainsi, pour que ce député pût se dire représentant l'opinion de l'arrondissement de Sarrebourg. Il est donc probable qu'il n'eut point été nommé, s'il se fût présenté des concurrents sérieux, et s'il n'avait pas eu le soutien de la préfecture, celui des fonctionnaires publics et des gens riches. Il est possible que ce fait ne soit pas unique; et il prouve ce que nous avons avancé, que les colléges, ainsi qu'ils sont constitués, peuvent nommer des députés dans un intérêt opposé à celui de la population qu'ils représentent, comme on en nomme qui, sans y être opposés, ne connaissent pas les dits intérêts.

Nous ne pouvons nous empêcher d'être continuellemênt étonné de l'ascendant que MM. les princes du fer, des pierres et de la chaux, exercent sur nos compatriotes; il semblerait que leur éloquence flatte si délicieusement les oreilles, qu'elle parvienne à endormir le bon sens des auditeurs. Le canal devait s'arrêter à Nancy; cela eut été fort avantageux pour la ville, qui aurait eu une douane et des magasins, et qui aurait profité du roulage amenant les marchandises à embarquer. Eh bien! croirait-on que des Nancéiens aient fait solliciter la prolongation du canal jusqu'à Strasbourg, de manière que maintenant la ville n'aura plus que le transit, absolument sans profit, et perdra son commerce de planches de sapins; car, à coup sûr, les marchands mettront ces produits sur le canal le plus tôt qu'ils pourront, et ne s'aviseront pas de faire quelques lieues de plus, soit en rivière, soit sur route, pour arriver à Nancy, ville qui a l'honneur d'être la seconde de France pour l'élévation de ses droits d'octroi. Les marchés les plus accrédités pour ce commerce sont: Raon, Vitry et Nancy; Nancy est comme l'entrepôt entre les deux autres; et nous craignons que pour ce commerce elle ne soit dans l'avenir remplacée par Saint-Nicolas; c'est un service que notre ville devra à l'influence de ces messieurs, secondés par des personnes riches et intrigantes, mille fois moins nombreuses que le surplus des citoyens qui en souffriront (6).

Nous avons établi l'influence, dans les colléges électoraux, des vieillards, des gens riches, des fonctionnaires publics; nous allons maintenant calculer l'influence des autres partis: les légitimistes, les ultramontains, les républicains et les patriotes. Nous avons déjà donné de longs détails historiques sur les deux premiers partis, dans des notes séparées (7).

Les légitimistes sont réellement des révolutionnaires et des rétrogrades ; par eux-mêmes, ils ne peuvent rien; la pensée qu'ils émettent que les Chambres pourraient et devraient, sans qu'il en résultât de commotion ni de révolution, rappeler, pour occuper le trône de France, Henry de Bourbon, est une absurdité supposant la plus grande abstraction possible du bon sens, et qui ne peut impressionner que des niais. Ce parti, réduit à sa simple expression, lorsque l'Etat est tranquille et en paix, ne peut avoir aucune influence; il ne peut devenir important qu'en temps de guerre, et pour le cas où l'ennemi adopterait ses principes : aussi le trouve-t-on poussant au désordre les autres partis, les ultramontains ou les républicains. Son alliance avec les ultramontains est assez logique : ceux-ci agissent au nom de Dieu, et les légitimistes pensent que c'est Dieu qui a commis certaines familles princières pour gouverner les hommes, et que tous les principicules qui en sortent, reçoivent en naissant le droit de commander. D'ailleurs, les ultramontains croient n'avoir rien à perdre aux succès des légitimistes. La plupart des membres de l'ancienne noblesse, gentilshommes de nom et d'armes, croient qu'ils sont, par leur naissance, prédestinés à soutenir l'autel et le trône. On peut respecter le préjugé ou plutôt les regrets des anciennes familles historiques, lorsqu'elles ne vont pas jusqu'à tirer l'épée ou solder l'insurrection ; mais il est curieux de voir des gens à peine décrassés ou non décrassés par des lettres de noblesse, afficher les hauts sentiments et l'orgueil qu'on pardonne à peine aux enfants de nos illustrations historiques ; on ne peut trop hautement exprimer son mépris pour eux.

L'alliance des légitimistes avec les républicains est une monstruosité, qui ne peut s'expliquer que par une réunion de haines dissemblables contre un même objet, sauf, après la destruction de l'objet haï, à se disputer le prix de la victoire ; ce but me paraît le plus criminel qu'on puisse imaginer. Toutefois, quant à présent, les légitimistes, purs reconstructeurs du passé, pèsent très-peu sur l'opinion française. Je ne sache pas qu'en France on soit le moins du monde jaloux du bonheur des Napolitains, des Russes et des autres peuples qui ont des souverains entièrement légitimes, ou de la prospérité des Portugais et des Espagnols, qui sont gouvernés par des quasi-légitimités.

La légitimité, dans un gouvernement représentatif, est un non sens. Puisque le peuple ne peut pas changer un roi légitime, à quoi sert-il que ce prince connaisse l'opinion ? quels que puissent être les désirs, les droits du peuple, celui-ci sera toujours obligé d'obéir à son souverain, qui pourra refuser les demandes les plus justes; et comme la justice émane de lui seul, les plaintes pourront par lui être changées en outrages à sa dignité, et punies comme telles. Voyez avec quelle mansuétude on répond aux Galiciens, aux Polonais, aux Napolitains ! Donner la légitimité comme garantie du bonheur et de la liberté des nations, c'est une absurdité, que le talent supérieur de M. de Chateaubriand ne pourra faire passer en principe. Dans un gouvernement constitutionnel, il n'y a pas de légitimité; il n'y a qu'une élection transmise héréditairement. La couronne est une fonction publique, une légalité de puissance, mais non un droit de propriété; la volonté du roi constitutionnel ne domine pas la nation; au contraire, c'est le roi qui reçoit la loi imposée par la nation. Le roi légitime domine le peuple et fait la loi par sa volonté; il dispose de la couronne par testament; il peut régler la succession au trône; il vend, partage, cède tout ou partie du peuple qui lui appartient : le roi constitutionnel ne peut rien faire de semblable.

Ce roi constitutionnel est à la tête d'une nation : un roi légitime gouverne un peuple; la légitimité est la geôle de la liberté, la honte des peuples civilisés; elle ne peut convenir qu'aux peuples qui sont encore à l'état de troupeau.

Quant au parti ultramontain, il nous paraît l'ennemi le plus dangereux et le plus redoutable à nos libertés; nous croyons l'avoir démontré dans le septième numéro de nos mémoires, où nous traitons de son histoire : ce n'est pas que ce parti désire une révolution ; il s'accommodera de notre roi ou d'Henry de Bourbon, même de la République, mais à une condition, celle d'avoir la domination. Il organise un gouvernement dans l'Etat, quoique chacun de ses membres jouisse de toute la liberté accordée aux autres citoyens, quoi qu'on ait pour beaucoup d'entre eux une indulgence extraordinaire, une bienveillance telle que des évêques et des curés ont pu se permettre impunément des fautes qui, chez les laïcs, eussent été reprimées sévèrement ; quoique leurs partisans puissent journellement faire mentir l'histoire et le bon sens pour la plus grande gloire de leur cause, qu'ils puissent se permettre de calomnier et d'insulter leurs adversaires ; qu'ils appuient leur influence sur des miracles plus ou moins absurdes ; quoique dans leur intérêt les livres anti-religieux soient saisis et les auteurs punis, qu'on leur permette de former toutes sortes d'associations et de mettre sous la protection des saints leurs établissements industriels, qu'on s'inquiète peu des voies mystérieuses ou cachées qui leur procurent la fortune ; quoiqu'ils puissent lever un tribut volontaire sur leurs adeptes, que quelques-uns soient membres de congrégations étrangères reconnaissant pour supérieur ou général un étranger ; quoique, participant à l'infaillibilité de leur chef, ils mettent à l'interdit des colléges, des hôpitaux, prononcent anathème contre des professeurs qui ne sont pas de leur choix, se rient des censures du conseil d'Etat, enfin quoiqu'ils fassent mille choses que d'autres citoyens ne pourraient se permettre. Cela ne leur suffit pas ; et, au nom de la vérité qu'ils méconnaissent souvent, ils demandent plus encore, ils le demandent au nom de la liberté. Qu'est-ce donc que la liberté ? La liberté accordée par nos chartes est individuelle ; elle ne reconnaît pas le droit d'association ou d'organisation ayant un autre chef que notre roi, une autre nationalité que la France : mais pour eux la liberté c'est le droit de faire prédominer leur gouvernement, qui a pour chef le pape, sur le gouvernement du roi même ; ils veulent dénationaliser leurs sectaires, ils veulent en toute chose élever l'enfance, la parquer dans les préjugés et les haines, qui lui feront regarder les autres français élevés dans des principes différents, non pas comme des compatriotes, mais comme des damnés réprouvés de Dieu. C'est bien là le plus grand ferment des guerres religieuses ; c'est la plus grande atteinte à la nationalité ; c'est diviser la France en sectes haineuses et intolérantes : car il faudra aussi accorder même droit et aux Gallicans, aux Luthériens, aux Protestants, aux Juifs, aux Déistes ; demain, aux Musulmans. Les Français de ces diverses écoles ne se rencontreront que pour se mépriser, s'insulter et s'appeler au combat, au nom de leur Dieu méconnu. Si les ultramontains provoquent ainsi les divisions, c'est qu'ils croient par le nombre pouvoir remporter la victoire : mais apprenons leur que la victoire, après avoir été disputée, demeurera non pas aux bûchers, non pas aux canons, mais à la liberté des cultes, à la fraternité des opinions dissidentes et religieuses, à la tolérance. Les principes ultramontains ont souvent été vaincus, refoulés, rejetés par toutes les nations qui ont été jalouses de conserver leur indépendance. Nul gouvernement ne peut protéger une classe d'hommes qui commandent au nom d'une autorité se disant infaillible en quoi que ce soit.

Louis XIV, avant d'avoir été dominé par son ministre Letellier, et Napoléon, se seraient faits plutôt Turcs que de permettre dans leurs Etats l'ultramontanisme. Tous les hommes forts au moral ou au physique peuvent supporter le despotisme du sabre, mais jamais celui de la calotte, parce que, si l'un gêne les actions, l'autre pénètre sous le toit de la famille et trouble le bonheur domestique. Quoi! est-ce qu'au nom de la liberté, le roi de Prusse pourrait en France former un régiment de houlans portant son uniforme? Est-ce qu'il pourrait répondre à ceux qui feraient des plaintes : Que vous importe, je ne vous force pas d'entrer dans mon régiment, vous pouvez faire ce que vous voudrez, je respecte votre liberté, respectez celle de mes houlans! Certes un tel régiment serait moins dangereux pour l'Etat, en cas de guerre contre la Prusse, que ne pourront être nuisibles toutes les associations plus ou moins secrètes ou cachées qui tiennent à l'ultramontanisme, et qui peuvent ébranler l'ordre social par la base, sans qu'on puisse saisir tous les coupables. Les houlans se montreraient ostensiblement, sans hypocrisie, on pourrait les combattre ; mais les soldats de l'ultramontanisme se cachent sous des voiles mystérieux, qui ne tombent qu'après leur victoire, et qui s'épaississent pendant leurs préparations au combat.

Ce parti est antipathique aux gens simplement pieux, qui ne voient pas ce qu'il peut y avoir de commun entre la religion et la politique ou le commerce ; il est combattu par les patriotes, qui veulent qu'on soit français avant d'être papistes, et par toutes les personnes qui connaissent l'histoire, par toutes les opinions dissidentes, qui voient dans le triomphe de l'ultramontanisme celui de l'intolérance et du fanatisme. On ne conçoit pas comment sous le règne du roi actuel, qui ne prend pas ses inspirations d'un jésuite ou d'un capucin, comment sous l'influence d'un ministre protestant, M. Guizot, ce parti a pu arriver au point d'exigence qu'il manifeste maintenant. Cela viendrait-il de ce que M. Guizot, dans son histoire de la civilisation en France, dit que, lors de l'avènement de Hugues-Capet au trône de France, le clergé avait déjà adopté le principe de la légitimité, que Hugues, pour se rendre favorables les prêtres et les prélats, pour s'assurer de leur fidélité, leur avait fait des avantages fort considérables, que par suite de ce principe de légitimité le trône était resté incertain dans la famille de Hugues, jusqu'au moment où Philippe-Auguste épousa Isabelle de Beaudoin, issue du sang de Charlemagne, fait que l'auteur appuie de la citation d'une chronique postérieure. Nous croyons avoir combattu convenablement dans notre septième numéro cette hérésie historique, fort singulière chez un savant du mérite de M. Guizot. Ce serait donc en comparant la révolution de 1830 à celle qui mit Hugues-Capet sur le trône, que le ministre aurait pensé que, pour avoir la fidélité du clergé, il fallait l'acheter, comme on l'avait fait au dixième siècle. Mais les temps sont bien différents; et ce savant historien devrait savoir mieux que personne que les prêtres, ou pasteurs, ou popes, enfin tous les ministres d'un culte intolérant quelconque, n'ont jamais eu d'influence sur l'action d'un gouvernement, sans qu'il en résultât des troubles, des guerres civiles ou des révolutions, et que dans l'état actuel de la civilisation en France, le parti prêtre ultramontain ne peut se soutenir, sans une protection efficace et puissante du gouvernement même, enfin, que le parti légitimiste est sans force, soit morale, soit physique. D'où il suit que l'impunité ou les immunités accordées aux ultramontains ou aux légitimistes, loin de servir la royauté, ne peuvent que la compromettre au regard du reste de la nation. Nous croyons qu'il importe très fort de déclarer les fonctions sacerdotales et cléricales, même chez les femmes, incompatibles avec toutes les fonctions de l'ordre civil et commercial. Le divin Maître n'a pas connu le commerce, et n'a point chargé les apôtres d'enseigner le latin ou les mathématiques : or ce n'est point gratuitement que ces gens-là donnent leurs leçons ou rendent des services. Quoi qu'il en soit de ce parti, son influence n'est pas directe sur les élections, du moins dans l'est de la France; on le dit beaucoup plus influent dans le midi. Nous aimons à penser que les Français ne souffriront jamais sa domination, et que bientôt il sera réduit à la nullité dont il n'aurait jamais dû sortir; du moins cela est désirable dans l'intérêt de la liberté des cultes, comme pour la tranquillité de la France.

Le parti républicain se compose essentiellement de tous ceux qui ont plus d'intelligence que de fortune, plus d'ambition que de jugement, de tous ceux qui croient pouvoir gagner à une nouvelle révolution, enfin de ceux qui, bons patriotes, désespèrent de pouvoir ramener le gouvernement dans les voies de la révolution de juillet 1830. Ce parti grandit dans la proportion des écarts du gouvernement; il exploite avec talent et avec adresse les fautes des ministres, les erreurs de la magistrature, les commotions, les luttes des partis, les abus épouvantables des monarchies qui nous entourent, comme l'Espagne, le Portugal, Naples, etc. Les hommes de ce parti disent à leurs lecteurs : Voilà ce que c'est qu'une monarchie et où tendent tous les rois, etc., etc. Si la lutte de tous les partis qui divisent la France amenait, sans le concours de l'étranger, des commotions révolutionnaires, évidemment nous deviendrions républicains; et si les commotions avaient lieu sous l'influence de l'étranger, nous aurions une restauration (8). Le parti républicain ou radical fait sentir son influence dans nos colléges électoraux. Ce fait devrait servir de baromètre à notre roi, et lui faire connaître par son ascension le discrédit croissant de ses ministres dans l'opinion publique; il devrait lui indiquer que le char de l'état fait fausse route, et que ce n'est pas par des procédures qu'on peut le remettre en bon chemin. Les procédures ne font que creuser les ornières.

Tous les partis se croient de fort bons patriotes : ils disent que c'est par leurs principes qu'on rendra la France prospère et les Français heureux. Les légitimistes, les ultramontains sont absurdes, quand ils croient que les autres Français seront heureux d'être exploités à leur profit; l'absurdité n'empêche pas la bonne foi, et c'est celle-ci qui entraîne dans ce parti la plupart des dévots. Quant aux républicains, leur nombre s'accroît de jour en jour; on a de la sympathie pour leurs principes; car il y a du vrai patriotisme chez eux : cependant on craint de se joindre à eux, parce qu'on ne conçoit pas qu'il soit possible d'établir une république sans avoir une révolution sanglante et la guerre, événements toujours très-graves qui forcent à lutter contre la dernière raison des rois, le canon. Ce qui éloigne encore des patriotes, c'est qu'à côté d'eux ou avec eux se trouvent les communistes, sectaires de Hauge ou de Fourrier (9), dont le but est non-seulement la destruction du gouvernement, mais encore celle de l'ordre social. Ceux-ci peuvent bien faire des associations particulières dans l'état, des couvents ou des colonies, mais non un gouvernement ou une nation. Ces deux motifs, raisonnables jusqu'à un certain point, exploités et tournés en ridicule par les adversaires des républicains, ont contribué pour beaucoup à paralyser les bonnes dispositions d'un grand nombre de leurs approbateurs.

Le mot patriote indique bien ce que doit être celui auquel cette épithète honorable peut être donnée : c'est celui qui met sa patrie, c'est-à-dire les intérêts de ses compatriotes, au-dessus de tous les intérêts particuliers, qui est voué au bien général, qui ne se laisse entraîner par aucune considération favorable à des intérêts individuels, qui ne confond jamais les droits de la nation avec ceux du roi, qui obéit à la loi, défend son pays, et n'est jamais le serviteur ou l'agent d'une coterie, d'un parti. Comme citoyen, le patriote se décide pour ce qui lui paraît juste et de la plus grande équité ; il est ennemi de tout ce qui est privilége, prérogative, faveur ou exception ; il veut que tous les citoyens soient égaux devant la justice, que l'équité inspire les gouvernements pour distribuer les emplois suivant les capacités. Et, pour mieux trancher cette définition, disons que le patriote citoyen, dont l'existence légale ne date que de notre première révolution, met ses devoirs envers la nation ou la patrie avant ceux qui peuvent lui être imposés à l'égard du roi ; et dans le cas malheureux où un conflit s'élève entre la couronne et la nation, il se trouve dans les rangs de la nation. Les droits du patriote citoyen sont reconnus par toutes nos constitutions, depuis celle de 1791, excepté dans ce qui nous fut octroyé par Louis XVIII. Maintenant, il est de principe certain qu'en France le roi est le mandataire de la nation, son représentant et non son maître ou propriétaire. Avant nos révolutions, le titre de Patriote était une offense envers la puissance. La France appartenait et devait toute obéissance au roi. Louis XIV a pu dire : la France, c'est moi ; il a pu, botté, cravache en main, aller au parlement, ordonner la publication de ses édits, et daigner écouter ce qu'il permettait aux premiers magistrats de l'état de lui dire, en s'agenouillant devant lui. Dans ces temps, les dévouements étaient exclusivement dus au roi. Le roi était la nation, la patrie, ou plutôt il n'y avait point de nation, point de patrie ; il y avait un domaine royal ; on était serviteur du roi : et c'est ce qu'on exprimait par le mot sujet. Il y a donc une grande différence dans la signification des mots sujet et citoyen ; ils caractérisent deux gouvernements de principes diamétralement opposés.

Le sujet met le roi au dessus de la patrie ; il considère le prince comme dominateur du pays où il règne : le citoyen met la nation avant le roi, et ne lui obéit que comme on obéit à un chef qu'on a nommé soi-même, et auquel on a concédé les pouvoirs dont il est revêtu. Ainsi, de nos jours, se dire sujet du roi, c'est être révolutionnaire ; mais bien peu de personnes comprennent la différence énorme qui se trouve dans les deux pensées qu'expriment le mot *sujet* et le mot *citoyen*. Toutefois, constatons que le département de la Meurthe a fourni deux modèles accomplis, et des plus illustres, d'un sujet et d'un citoyen : le premier est M. le général Drouot, le second est M. l'évêque Grégoire. Drouot, fidèle aux serments qu'il avait prêtés à Napoléon et à Louis-Philippe, confondait la France avec son empereur ou son roi : pour lui, c'était même chose ; il voyait dans le monarque son chef de file, son supérieur, et il lui était fidèle comme un soldat à son capitaine. C'est là l'élément pur de la monarchie absolue ; c'est là le beau du caractère militaire. Cette fidélité est sans doute fort louable dans le siècle des girouettes et des caméléons ; mais ce qui me fait surtout respecter la mémoire du général Drouot, ce sont ses exploits militaires ; ce qui me fait vénérer son nom, c'est sa charité chrétienne : il a soulagé dans le secret une foule d'infortunes. Si sa religion et son caractère modeste lui faisaient un devoir de cacher ses charités, ses obligés ne se sont pas dispensés d'être reconnaissants et de publier les bienfaits qu'ils ont reçus. Ce sera un beau livre que la biographie de cet homme excellent, qui, de fils de boulanger, s'est élevé à une si haute estime par sa seule vertu. C'est un livre qu'on devra rendre populaire, pour encourager la jeunesse militaire à suivre un si noble modèle. On est fier de pouvoir citer un homme semblable au nombre de ses concitoyens.

L'évêque Grégoire semble s'inspirer continuellement par les évangiles, qui nivèlent tous les hommes en les égalisant devant Dieu, et par la tolérance que professa et recommanda le divin maître : il a prêché toute sa vie la liberté, pour toutes les croyances et pour tous les êtres qui tiennent à l'humanité ; il est le premier qui ait demandé l'affranchissement des Juifs et la liberté des nègres ; tous les prestiges de la puissance sont sans éclat pour lui ; il ne recherche que la justice et la vérité ; il soutient que Dieu n'a donné à aucun le droit de commander à ses semblables, que ce droit vient des hommes et non de Dieu. Ainsi, il plaçait ses devoirs envers la nation avant ceux qui l'attachaient au Roi. Sa conduite a toujours été en harmonie avec ses principes. Sa science était immense, ses convictions étaient éclairées et profondes; et les ultramontains (serfs du pape) qui le tourmentèrent longtemps, ne purent obtenir, tout en le martyrisant à son lit de mort, aucune rétractation de la prétendue hérésie dont ils l'accusaient. Sa charité paraissait dépasser ses moyens. Il nous a employé pour faire parvenir des secours à des ecclésiastiques malheureux qui l'avaient calomnié outrageusement. L'esprit de parti, les idées rétrogrades qui prennent beaucoup d'empire maintenant en France, cherchent à obscurcir, à entacher la réputation de cet illustre savant; mais dans la postérité, cette réputation reprendra tout son éclat, et sera présentée comme une haute illustration, qui fait le plus grand honneur à notre département. Plus on lira ses écrits, plus on aura de vénération pour sa mémoire (10). La doctrine de l'abbé Grégoire est l'élément pur de la république; c'est le civisme : cette doctrine doit également convenir au gouvernement monarchique constitutionnel. Dans celui-ci, comme le roi ne peut pas commander les votes, ainsi qu'il peut commander une manœuvre, le pouvoir aurait acquis le *nec plus ultrà* du beau idéal, si sous son empire tous les militaires ressemblaient au général Drouot, tous les fonctionnaires publics et tous les prêtres au citoyen Grégoire. Mais remarquons bien que, Drouot et Grégoire étaient tous deux catholiques avec une conviction profonde et inébranlable, ils n'étaient ni l'un ni l'autre ultramontains. Si l'on ne nous a pas trompé, le général blâmait l'ascendant que les prêtres veulent prendre dans l'ordre social. Avec le général Drouot on peut aller au despotisme; avec l'abbé Grégoire on peut aller à la liberté; mais l'un et l'autre, hommes de bien, étaient incapables de se laisser dominer par une coterie ou par un esprit de parti, encore bien moins de vendre leurs suffrages, de cabaler, ou de briguer : ce sont des hommes principes.

Nous venons de dire que les militaires doivent prendre pour modèle le général Drouot, quoique ses principes puissent conduire au despotisme. Cela est vrai, lorsque la fidélité est irréfléchie; mais il n'en était pas ainsi chez le général : sa conduite à l'armée de la Loire en est la preuve; en cette circonstance, ses devoirs envers la patrie l'ont emporté sur son attachement à la famille impériale. On lui doit d'avoir éteint, par sa haute influence sur l'armée, une guerre civile naissante, qui aurait pu enfanter de grands malheurs. La fidélité, cette noble vertu, doit donc dans les circonstances difficiles, juger de l'opportunité des actions. C'est la conduite de notre compatriote à l'armée de la Loire, qui offre le plus beau modèle que puisse imiter un soldat. La fidélité du général Drouot avait pour principe la légalité, ou le droit : dans ce sens, c'est l'amour de l'ordre. C'est ce qui explique sa conduite en 1830. Bien que ses sentiments fussent contraires aux Bourbons, il sut maintenir à Nancy l'effervescence occasionnée par les journées de Juillet, afin d'attendre le rétablissement de l'ordre ; par ce fait, par sa conduite à l'armée de la Loire, il a peut-être rendu plus de services aux royalistes légitimistes, qu'il n'en avait rendus à l'Empereur en ces deux circonstances fort graves. Il a bien mérité de la patrie. Nous devions cette explication, afin qu'on ne prît pas trop à la lettre les antithèses dont nous nous sommes servi dans le parallèle entre le général et l'évêque.

Il se trouve aussi dans tous les partis des gens très honorables, qui repousseraient toutes commotions, toutes luttes armées ayant pour objet de faire prévaloir leur opinion. Le patriote n'est point révolutionnaire. Dans un gouvernement représentatif, on ne doit point avoir besoin d'une révolution pour faire dominer un principe ; il faut seulement avoir assez de talent pour convertir la majorité à des principes, par les moyens légaux ; enfin, j'accepte dans toutes les opinions pour patriotes, en ce qui regarde les élections, ceux qui prennent en considération première l'état de la nation, et votent en vue de cette considération, pensant que le choix qu'ils ont fait procurera un défenseur, un soutien aux principes qui, suivant eux, doivent faire le bonheur du peuple, ou du moins améliorer son sort, sans passer par les commotions révolutionnaires et sanglantes, ; j'accepte pour patriotes ceux qui ne se laissent jamais influencer par les intérêts particuliers ni surtout par l'ascendant ministériel. En fait d'élection, tous les honnêtes gens sont patriotes ; ainsi, on en peut trouver parmi les Juifs, les Catholiques, les Athées, les Déistes, les riches et les pauvres, chez les ultramontains, chez les républicains, et même parmi les légitimistes. Qu'on ne croie pas qu'il y ait dans ces paroles contradiction avec ce qui précède : j'ai pu, du point de mes convictions constitutionnelles, juger les opinions que je ne partage pas, les critiquer ; mais je ne pousse pas l'intolérance ou l'injustice jusqu'à refuser mon estime à des gens de bien qui ne pensent pas comme moi; je réserve tout mon mépris pour les charlatans ambitieux, pour les hypocrites, caméléons sans convictions, égoïstes et menteurs.

Nous croyons avoir bien fait connaître ee qu'on doit entendre par honnêtes gens, honnête homme, honnête citoyen. Cependant je dois encore insister sur ce caractère; beaucoup de gens se croient honnêtes dans le sens électoral, parce qu'ils sont riches et exempts de tout reproche d'improbité, mais ils ne croient pas faire partie du peuple; ils votent contre le peuple qu'ils prennent pour un adversaire; ils ne donnent leur assentiment, leur vote, qu'en faveur de l'art de mater le peuple ou de le maintenir, afin que leur position de votants n'éprouve aucune atteinte. Mais cette manière égoïste de comprendre ses devoirs électoraux est absolument l'opposé de ce qui devrait être fait, l'antipode du devoir réel; car le gouvernement constitutionnel ne subsiste qu'en faveur du peuple et non en faveur des riches et des heureux qui, au besoin, pourraient se passer de gouvernement; et l'on vote afin de savoir ce qui convient à la *nation*, au *peuple*, pour que celui-ci, qui compose la souveraine puissance, et qui de jour en jour devient plus intelligent, n'arrive pas, sous prétexte qu'on a méconnu ses besoins, à s'insurger de nouveau et à prendre par lui-même l'exercice de sa souveraineté : autrement vaut mieux le gouvernement monarchique pur. L'électeur patriote, quelles que puissent être d'ailleurs ses opinions ou ses croyances, la main sur sa conscience, vote pour ce qui peut être favorable à la *nation*; et c'est ainsi qu'il sert réellement son Roi. Sous ce rapport, nous croyons qu'on trouvera plus de patriotes en deçà de la liste des électeurs, que parmi les électeurs mêmes. En effet on rencontre beaucoup de personnes disposées à des sacrifices, à l'obligeance, parmi ceux qui n'ont que leurs bras et leur intelligence pour faire vivre leur famille; c'est cette classe qui, lors de notre première révolution, a pris les armes avec enthousiasme, a repoussé et vaincu cette coalition liberticide qui s'était armée contre notre patrie; c'est donc dans cette position sociale que se trouvent les éléments de patriotisme; et l'on peut dire qu'en partant de ce point, pour aller atteindre au haut de l'échelle sociale, aux fortunes exceptionnelles, le patriotisme diminue à mesure qu'on s'élève. C'est une chose admirable, mais fort rare, qu'un homme riche qui soit charitable, bienfaisant, secourant les pauvres et les infortunés dans la proportion de ses richesses; c'est une rareté, c'est presque un personnage introuvable chez les nouveaux parvenus, qui, tout riches qu'ils sont, donnent des leçons d'économie, lorsqu'ils devraient apprendre l'art de dépenser honorablement leurs revenus; ce sont là, selon nous, des motifs déterminants pour étendre les droits électoraux, en les accordant aux capacités et à tous ceux qui déjà ont reçu des marques de confiance de la part de leurs compatriotes.

Dans l'état où se trouvent maintenant les colléges électoraux, et d'après les diverses opinions qui ont cours, rien ne nous paraît plus légal que la lutte des partis, rien même de plus heureux pour le gouvernement, qui en est éclairé. Ces luttes qui doivent se baser sur le patriotisme, rappellent les individus à leurs devoirs; elles sont utiles pour réveiller le civisme qui semble s'endormir, ce qu'il ne faut pas permettre: car il ne faut point oublier qu'il s'est plusieurs fois réveillé avec des soubresauts fâcheux. On doit donc trouver bon que les légitimistes, les ultramontains, les républicains, les peureux admirateurs de l'ordre de choses actuel, les progressifs, les conservateurs, toutes les nuances se mettent en évidence lors des élections, enfin que les partis cherchent à augmenter le nombre de leurs adhérents. Les meetings anglais n'épouvantent jamais le gouvernement de ce pays; et ils rendent souvent de grands services aux ministres qui, par ce moyen, n'ont pas besoin d'espions pour connaître ce qui se passe; ils rendent la corruption ministérielle presque impossible, la corruption ne pouvant s'exercer que par un parti sur l'autre, et toujours au grand jour, c'est-à-dire publiquement. Le gouvernement britannique n'est qu'observateur; il serait bien à desirer qu'il en fût de même en France; alors nous aurions bien mieux que l'Angleterre, parce que nous n'avons pas cette aristocratie puissante et riche qui, chez nos voisins, peut acheter une élection. Dans ces luttes publiques, la tranquillité peut être troublée; mais ce n'est qu'un événement passager, sans importance, pour la sécurité du gouvernement; car, quoi que l'administration ou le mérite des ministres soit mis en cause, cependant le tout se résout par de simples nominations.

Nous concevons bien le grand intérêt que les ministres peuvent apporter à ces luttes, d'où dépend leur conservation; mais la conservation des ministres n'est pas une chose d'ordre public: loin de là, l'ordre public veut que, lorsque l'opinion leur est contraire, ils soient changés. La conservation de Sa Majesté est seule d'ordre public; et nous ne sachions pas qu'on puisse, lors des élections, mettre le salut du roi en question, sans commettre le délit le plus grave. Au contraire, les élections ont lieu en faveur de la royauté, à laquelle elles doivent apprendre si les ministres sont dignes de la confiance que le prince leur accorde; ce but sera donc manqué, si l'on accorde aux ministres le pouvoir d'intervenir indirectement dans les élections, en proposant des candidats, en récompensant ceux qui auront voté en faveur de ce candidat ministériel. Si, par ces menées, le ministre parvient à former une majorité qui, sans ces moyens de corruption, n'eut jamais subsisté, alors il a masqué l'opinion; il trompe le roi qui peut croire, contre la vérité, que ses ministres ont l'approbation de la majorité des électeurs. Le roi se trouve victime d'une véritable trahison. Les colléges électoraux sont faits pour éclairer le roi et juger les ministres, leurs agents, leur administration. Que dirait-on, si, dans une cause ordinaire, une des parties venait promettre récompense à son juge, pour obtenir une sentence ou un arrêt favorable? on crierait à la corruption. Le ministre qui, par ses préfets, administrateurs ou magistrats, permet qu'il soit fait des promesses, est donc un corrupteur. Le candidat qui se dit l'agent du ministre, ou qui se vante d'un crédit assez puissant pour faire obtenir des grâces, et qui, après sa nomination, les fait accorder, abuse au plus haut degré, doit être déclaré suspect de servilisme ministériel, dépourvu de toute indépendance, et par contre indigne du mandat qui lui a été confié. Mais il ne faut pas confondre; je parle des promesses faites pour obtenir une élection, et non pas de l'influence que le député peut avoir, quand il a été élu : influence qui me paraît très légale. Il est dans l'ordre des convenances que les ministres prennent, au besoin, des renseignements près des députés du pays où demeurent les personnes qui les sollicitent, et qu'un député recommande un individu qu'il croit digne d'être choisi pour occuper une place. Cette influence aura peu d'inconvénients et pourra produire de grands avantages, lorsque les élections seront réellement nationales, et que les députés ne pourront rien obtenir pour eux-mêmes; car alors tout abus sera évidemment réprimé par les électeurs, qui ne rééliront point celui qui aura pu abuser de son mandat. Et quand la responsabilité des ministres sera plus qu'un mot, il faudra nécessairement trouver juste que le ministre ne confie certaines parties de l'administration qu'à des individus de son choix.

Interdire à un homme en crédit d'user de son pouvoir en faveur de ses amis ou des siens, c'est exiger au-delà de tout ce qu'on peut obtenir de l'espèce humaine ; d'ailleurs, la responsabilité ministérielle veut que certaines fonctions ne soient remplies que par des individus qui inspirent une confiance illimitée au ministre.

Lors des élections, on intimide les faibles, on leur dit : « Voyez comme le ministre est attaqué de tout côté ! Il faut bien qu'il se défende. Le gouvernement est débordé par des clameurs indécentes. Il faut que le bon citoyen travaille au maintien du ministère, sous peine de trouble ; et au maintien du gouvernement, sous peine de révolution. » Charlatanisme affreux, qui malheureusement a eu souvent du succès, mais qui produit tout le contraire de ce que les électeurs se promettaient en votant sous ces influences ; car cela ne fait qu'irriter les opinions qui ont été injustement comprimées, au moins méconnues : par ce moyen, on n'a eu qu'une majorité factice. Ainsi, l'on n'est plus du côté de la puissance réelle, du côté où est la force, où est le nombre ; et l'on a oublié ce principe, seul certain, que le roi n'est jamais plus fort, la nation plus prospère, plus honorée, que lorsque la majorité réelle, non factice, fait la loi au lieu de la recevoir.

Mais, sans les intrigues ministérielles, le ministre qui nomme à presque toutes les places a encore, en restant neutre, une très grande influence sur les élections. Ceux qui désirent des places, ceux qui, placés, désirent de l'avancement, sont assez nombreux ; ils se mettent en évidence lors des élections ; ils sollicitent dans leur propre intérêt une nomination qui ne puisse être que gracieuse au ministre. Ce fait qui peut naître du servilisme, échappe à la répression, si le fonctionnaire semble n'agir que comme citoyen, d'après ses convictions, et non d'après les ordres de ses supérieurs. Autrement l'influence est illégale et abusive de la position qu'on occupe. On a cité une foule de nominations d'avancement, même dans la magistrature, qui n'auraient pas eu d'autres motifs que la récompense des services rendus au ministre, soit dans les élections, soit dans les chambres ; on a même remarqué que les variations, dans les système ministériels, avaient eu même de l'influence sur les variations de la jurisprudence. Il est constant que, sous une loi unique, il y a plus de contradiction dans les arrêts, qu'on n'en remarquait autrefois sous l'empire de cinq à six cents coutumes différentes. Ces deux observations sont très fortes. L'influence ministérielle ou politique ne peut pénétrer dans le sanctuaire de la justice, sans offenser la Divinité. La dignité de juge est un sacerdoce auquel rien ne devrait être ajouté. Le magistrat qui honore ses fonctions, n'a pas trop de temps pour étudier les moyens de les remplir dignement. Dans tous les gouvernements possibles, la justice est regardée comme la protectrice de la vertu et de l'innocence, la vengeresse de l'opinion, l'égide du faible, la conservatrice des droits des citoyens; il faut donc que le magistrat s'étudie à être impartial et à se faire connaître comme tel. Ce n'est qu'à cette condition qu'il peut jouir de la haute considération qui doit environner la magistrature. Il nous paraît fort convenable de déclarer les fonctions de magistrat incompatibles avec toutes autres fonctions, de quelque nature qu'elles soient, depuis celle de membre d'une fabrique de paroisse, jusqu'à celle de député. Nous voudrions même que cette incompatibilité fut étendue jusqu'à celle d'électeur. La magistrature est un sacerdoce, nous le répétons; il importe que celui qui en exerce les fonctions sacrées, soit posé en delà de toutes les luttes qui alimentent les passions humaines. Contre qui ne peut-on pas avoir un procès? Lorsque vous trouvez parmi vos juges un adversaire politique; lorsque vous y trouvez celui, qui, comme membre du conseil général départemental, ou d'arrondissement, ou communal, ou de la fabrique, ou, etc., a approuvé l'action de votre partie adverse, ne devez-vous pas craindre que ce fait ne soit d'un grand poids contre vous? Quand même le juge se recuserait, ou que vous auriez le droit del e recuser, ne peut-on pas craindre son influence indirecte, souvent plus nuisible que l'influence directe et avouée? Rien que ces craintes vous portent à faire des sacrifices sur vos droits les plus légitimes; car les magistrats ne sont pas plus exempts que les autres hommes de cet orgueil, qui les porte à chercher les moyens nécessaires pour faire prédominer leurs opinions. Or, il ne faut pas enlever cette illusion qui met dans la bouche de la justice même le prononcé du jugement, pour n'y voir que le triomphe d'un juge, que nous croyons nous être contraire.

Toutes ces observations paraîtront justes à ceux qui concevront comme nous, que, non seulement il faut que l'action de la justice soit indépendante, mais qu'il faut encore, pour la considération due aux magistrats, que ceux qui ont à réclamer justice croient à cette indépendance. C'est un malheur public, lorsque la magistrature inspire plus de méfiance que de confiance aux gens de bien.

Nos principes pourraient être justifiés par ce qui s'est passé dans la ville de Nancy. Un arrêté du maire blessa plus ou moins les droits acquis des habitants ; on s'est beaucoup plaint ; on a beaucoup murmuré : et la police est parvenue à faire exécuter cet arrêté illégal. On n'a point osé aller aux tribunaux supérieurs de la police municipale, sans doute à tort. Mais il ne s'agit pas ici de juger ce tort : il n'est question que du fait existant. On a craint que le droit particulier ne fût méconnu, parce que au conseil municipal, il y a juge au tribunal civil, conseiller à la cour, ingénieurs des ponts et chaussées, avocats et autres personnes auxquelles on supposait une grande influence près des magistrats; et cette peur là seule, nous le répétons, sans doute mal fondée, a suffi près des sept huitièmes qui trouvaient l'arrêté injuste, pour les déterminer à se soumettre. La police ne craignait pas de dire, pour intimider les plaignants, que, s'ils plaidaient, ils n'auraient d'autres avantages que d'ajouter aux frais qu'on leur imposait, ceux d'un procès. Nous sommes le seul citoyen qui ait résisté ; nous avons perdu en cassation, non pas en exécution de l'arrêté du maire, mais par suite d'une exception que nous avions négligé de combattre en police correctionnelle. Ce fait, mal connu, qui ne sanctionnait en rien l'arrêté de M. le maire, a servi à intimider ce qui restait de récalcitrants. Alors les quatre cinquièmes des destructions ordonnées par le maire, étaient déjà exécutés. Si, à tort ou à raison, on croit que sans sollicitation il existe des influences sur la magistrature, la portion évidemment la plus pure des fonctionnaires publics, on ne saurait nier qu'il existe une influence directe des ministres sur tous les fonctionnaires de l'ordre administratif. Ce n'est point une illégalité, quand elle se réduit à ce qui est relatif au service de l'administration. Mais nous disons que les ministres qui usent de leur autorité, au point de faire un devoir à leurs subordonnés de voter comme il leur plaît de l'indiquer, et qui permettent qu'on parle aux électeurs en leurs noms, qu'on leur promette des avantages ou des faveurs, commettent un abus des plus répréhensibles ; et quand ils vont jusqu'à punir par destitution, l'indépendance de l'emplyé dans une action où la loi recommande à l'employé d'agir en toute liberté, ils commettent un délit, parce qu'ils créent une désobéissance qui n'est point de l'ordre hiérarchique. Le choix aux élections est une attribution personnelle qui n'a ni directeurs, ni supérieurs, avoués par la loi. Ils commettent un délit, parce qu'ils font, d'un fait autorisé par la loi, un fait défendu. C'est un déni de justice.

Nous croyons qu'on doit trouver très convenable que, lors des élections, les divers partis qui s'émeuvent, réunissent leurs forces, discutent, soit publiquement, comme en Angleterre, dans les meetings, soit par écrit, cherchant à convaincre leurs adversaires qu'ils doivent se réunir à eux; nous admettons qu'ils emploient pour ces objets des circulaires ou des émissaires, mais le tout très ostensiblement ; qu'ils se réunissent en banquets et qu'ils exercent même quelques générosités. Ces luttes peuvent quelquefois entraîner des désordres, donner lieu à des injures, même à des calomnies; ce sont de petits malheurs passagers ; et après ces luttes, les partis peuvent, devant les tribunaux, obtenir réparation des torts réels qu'ils ont éprouvés.

Les inconvénients de ce mode sont moins grands pour le gouvernement, que ne peuvent l'être les menées sourdes, les corruptions cachées et les élections menteuses. Ainsi, dans ces luttes qui jugent le gouvernement des ministres, c'est un fait fort repréhensible, nous voudrions pouvoir dire un délit de la part de ces derniers, d'y exercer aucune influence par promesses ou même par désirs, par intervention, soit directe, soit indirecte, des préfets ou autres subordonnés, comme juges de paix ou percepteurs. Cette intervention, quand elle a lieu, est très puissante : elle intimide; elle a pour objet de capter l'électeur par des moyens que la nation accorde (les fonctionnaires tiennent leur puissance de la délégation du souverain: la nation,) de tromper la nation même, fausser la représentation qui, au lieu d'être inspirée par l'opinion publique, se trouve inspirée par l'action ministérielle ; c'est user des armes contre ceux qui les ont données ; c'est félonie envers la nation, et trahison envers le roi ; car, enfin, le ministre n'est point un parti, mais un justiciable mis en cause devant les partis. Si le ministre est bon, si l'opinion est pour lui, il trouvera assez d'électeurs qui voteront en sa faveur, sans qu'il soit le moins du monde obligé de recourir aux sollicitations ou aux promesses. Ce sont celles-ci qui forment le délit, l'abus du pouvoir ; et ceux qui s'en rendent coupables doivent être déclarés avoir abusé de l'autorité publique, jugés incapables ou indignes de la confiance dont ils ont abusé, et comme tels rayés du tableau des fonctionnaires publics.

L'influence des fonctionnaires publics usant du caractère de leurs fonctions pour influer sur les élections, peut avoir une infinité de nuances; et les peines qu'ils doivent encourir pour ce genre d'abus, peuvent être graduées depuis la réprimande jusqu'à la destitution simple, avec mention d'infamie ou de félonie, suivant la gravité des actions.

Quant aux particuliers qui se présenteraient comme candidats du ministre, et qui en cette qualité promettraient des places, c'est peut être le délit le plus difficile à prouver; mais enfin, si la preuve en est faite, il doit paraître convenable pour une ou deux convocations du collége, de rayer le délinquant de la liste des éligibles pour cause d'abus de confiance; quant au corrompu, contre lequel il serait prouvé que, sans la promesse qu'on lui a faite, il eut voté pour un autre, il devra être déclaré incapable de gérer la place promise.

On permet aux candidats et à leurs partis, avons-nous dit, des agitations qui peuvent être excitées par des réunions, des discours, des banquets, des circulaires, des pamphlets, sauf le droit d'autrui à demander réparation des dommages qu'ils en reçoivent; mais si, indépendamment de ces moyens, on allait jusqu'à acheter des voix pour un prix ou pour des choses qui concourent à augmenter la fortune de l'électeur, ce procédé devra être réputé corruption, et comme tel puni. Mais ici s'applique encore la différence essentielle entre les corrupteurs et les corrompus, bien que ni l'un ni l'autre n'ait forfait à un serment d'honnêteté publique. C'est le cas prévu par le droit romain, qui punissait le brigueur de l'interdiction des droits civils pour plus ou moins de temps; et nous n'avons point vu dans ce droit la peine indiquée contre les corrompus de cette catégorie. Pour nous, jamais le corrupteur n'est au niveau du corrompu; il y a une bien grande différence entre profiter de la bassesse d'autrui et commettre soi-même une bassesse; ce n'est point une faute de connaître l'indignité d'une personne, c'est même un mérite, d'autant plus certain que la loi donne moyen de punir les simples tentatives de corruption. Faire connaître cette indignité, c'est un service d'ordre public : il y a seulement illégalité de profiter d'une chose qui, avec justice, ne nous était pas due. Si le corrupteur a été élu, son élection sera déclarée nulle, et il ne pourra être réélu; il en sera fait mention sur la liste des électeurs. Le corrompu donnera au bureau de bienfaisance de sa localité, trois fois la valeur des choses qu'il aura reçues et sera, pour un temps déterminé, rayé de la liste électorale;

suivant la gravité de son action, son nom pourra être maintenu sur cette liste avec une note indiquant qu'il ne votera pas, pour cause d'inconduite, à une ou deux élections.

Les poursuites auxquelles peuvent donner lieu ces pénalités, ne sauraient toutes être confiées aux gens du roi. La raison en est que les membres, composant le ministère public, sont directement les avocats des ministres; comme souvent dans ces causes le ministre ou ses agents peuvent être partie, il serait tout à fait dérisoire que l'avocat du ministre fût chargé de la poursuite de ces sortes d'affaires. Ainsi, il conviendrait que les colléges nommassent eux-mêmes un censeur enquêteur qui serait chargé de la poursuite de ces sortes de délits; et que ces enquêteurs fussent nommés comme on nomme un député, mais sans que jamais le choix tombât sur le député. Ils pourraient s'adjoindre un avocat; ils jouiraient pour les causes de leur compétence des droits dont jouissent les procureurs du roi, de pouvoir instruire, citer, etc.; et ces causes seraient jugées par un jury pris dans un autre arrondissement électoral, que celui où le délit à réprimer aurait eu lieu. Alors le ministère public pourrait, quand il le croirait convenable, porter la parole dans ces sortes d'affaires, soit pour se joindre à l'accusation, soit pour la combattre. Sous l'empire de la constitution de 1791, chap. 5, art. 2 et 25, le ministère public était divisé entre le commissaire du roi et l'accusateur public. Le premier était nommé par le roi, et le second par élection. Dans ce système d'ordre judiciaire, l'accusateur public étant indépendant de l'autorité des ministres, pouvait exercer les fonctions que nous attribuons aux censeurs enquêteurs.

Tout ce qui précède pourrait motiver les projets de loi ci-après.

CHAPITRE IV.

DES PEINES CONTRE LES COMPLICES.

Le chapitre unique du livre II du code pénal sera modifié ainsi qu'il suit :

Les complices des criminels sont solidairement responsables avec ces derniers et punis comme eux, lorsqu'ils ont coopéré au crime, étant sur place, aidant à sa perpétration, ou surveillant près des lieux, pour venir en aide, au besoin.

Si le crime a été conçu pour voler seulement, et que cependant les voleurs pour leur sûreté aient commis assassinat dans la pensée de détruire un témoin de leur crime, les complices armés subiront seuls même peine que l'assassin, comme complices solidaires ; les autres, non armés, seront punis comme complices simples; leur peine sera celle qui est immédiatement inférieure, dans l'échelle des pénalités, au chatiment qu'on infligera à l'assassin.

Ceux qui auront provoqué au crime, soit par promesses des récompense, soit par menaces, et qui auront fourni les moyens d'exécution, seront punis comme complices simples de la peine immédiatement inférieure à celle qui est appliquée au criminel, à moins que l'exécuteur du crime ne soit un être faible d'intelligence, et tel qu'il ne pût connaître l'importance de l'action criminelle qu'on lui a fait commettre. Dans ce cas, le provocateur sera jugé complice solidaire et puni comme celui qui a exécuté le crime ; mais si dans la provocation il y a abus d'autorité ou de pouvoir, venant par exemple de l'ascendant que donne la puissance paternelle, ou de tuteur, ou d'une fonction d'ordre public, alors le complice sera réputé solidaire, et puni de la même peine que l'exécuteur du crime.

Si l'action provoquée n'est point un crime, mais seulement un délit, alors les provocateurs, père, tuteur, ou fonctionnaires, pourront être, suivant l'importance de l'action, privés pendant un certain temps, en tout ou en partie, des fonctions civiques indiquées à l'article 42, chapitre 2, du code pénal. Dans ces circonstances, les complices solidaires ou simplement complices, ne pourront faire valoir à leur profit les exceptions que la loi pourrait accorder à celui qui a exécuté le crime, soit pour raison d'âge, soit pour défaut d'intelligence ; ces exceptions ne devront en rien diminuer la peine due aux complices ou aux corrupteurs intelligents.

Les complices d'un acte répréhensible seront classés dans une des trois catégories suivantes :

Complices avec préméditation ; complices sans préméditation ; complices après l'événement.

Les complices avec préméditation, comme lorsqu'on est allé visiter les lieux, qu'on a donné les renseignements, facilité l'exécution de l'acte répréhensible, doivent être réputés solidaires du criminel pour tout ce qui, dans l'action, est entré dans les prévisions du complot.

Les complices sans préméditation sont ceux qui accidentellement se sont trouvés au lieu où se commettait le crime ou le délit, et qui n'en ont point empêché l'exécution, ne l'ont pas dénoncée dans les vingt-quatre heures à la justice ; ils seront jugés comme complices simples ; et les questions de circonstances atténuantes étant adoptées par les jurés, les juges pourront, suivant qu'ils le croiront convenable, appliquer la peine inférieure de deux degrés à celle qui est due au complice simple, pour lequel les circonstances atténuantes n'ont point été admises. S'il a dénoncé dans les vingt-quatre heures le délit dont il a été témoin, ou s'il peut faire recevoir ses excuses de n'avoir pas agi de la sorte dans ce delai, alors il sera jugé qu'il n'a commis ni crime, ni délit, mais qu'il a fait seulement la faute de n'avoir pas employé tous les moyens en son pouvoir, pour empêcher que le crime ou le délit ne fût commis. Cette faute lui sera remise par suite du service rendu à l'ordre social par sa dénonciation ; mais s'il a profité du crime ou délit, sans y avoir coopéré, alors il sera jugé comme complice simple.

Le complice, après l'événement, est celui qui favorise la fuite du coupable, le soustrait à l'action de la justice, efface les traces que l'acte répréhensible a pu former, n'a connu le délit ou le crime qu'après son accomplissement; il sera puni conformément au texte de l'article 248 du code des délits et des peines.

En général, les complices ne peuvent être punis que pour ce qu'ils ont connu des projets ou complots des criminels et pour leur participation à l'exécution desdits projets ou complots, et ne peuvent être frappés des peines résultant des circonstances aggravantes, lorsque celles-ci résultent d'événements imprévus lors du complot ou du projet dont ils ont eu connaissance.

Le recèlement des objets volés, sachant qu'ils proviennent des vols, l'achat des mêmes objets lorsqu'on connait qu'ils proviennent d'un vol, rendent coupable le recéleur ou l'acheteur de complicité simple à un vol sans circonstances aggravantes. La récidive du récel, ou de l'achat près du même voleur ou de voleurs différents, rend coupable de complicité solidaire, conformément à l'art. 61 du code pénal.

Par le fait que la complicité est déclarée simple, le coupable ne doit être frappé que de la peine inférieure à celle qui est appliquée à l'auteur du crime ou du délit.

CHAPITRE V.

DES PEINES CONTRE LES CORROMPUS ET LES CORRUPTEURS.

L'article 179 du code pénal sera remplacé par les dispositions ci-après.

Les promesses, les offres, les dons ou les présents faits aux fonctionnaires publics ou aux magistrats pour obtenir d'eux un acte qui, d'après les lois, ne doit pas être rétribué, seront distingués en trois classes, ainsi qu'il suit :

1° Si l'objet demandé est légal, et n'est qu'une justice accordée à qui elle ne devait pas être refusée ;

2° Si c'est une faveur, mais non une injustice ;

3° Si c'est une chose injuste, réprouvée par les lois.

En ce qui regarde le donateur ou corrupteur, il y a faute seulement pour le premier cas ; faute grave, pour le second cas ; et pour le troisième, il y a délit ou crime, suivant la nature des faits.

Si la corruption est dénoncée à la justice par celui qui l'a provoquée, dans le premier cas les valeurs qu'il aura données pourront lui être restituées ; dans le second cas, la place ou la faveur qu'il aura reçue, pourra lui être conservée, si les jurés déclarent qu'il y a circonstance atténuante, et que le donateur avait droit à la chose qu'il a obtenue, qu'il n'a porté aucun préjudice à autrui. Si les jurés déclarent que le donateur n'avait pas un droit suffisant à la chose qu'il a acquise, alors la place ou la faveur qu'il a reçue, lui sera retirée. S'ils déclarent qu'il y a préjudice envers autrui, le donateur sera condamné solidairement avec le corrompu à des dommages-intérêts, proportionnés aux torts qu'il a occasionnés.

Dans le troisième cas, le corrupteur sera condamné à la peine inférieure à celle qu'il aurait encourue, sans sa dénonciation.

Si les faits arrivent à la connaissance de la justice, sans le concours du donateur ou corrupteur, dans le premier cas il ne sera rien rendu au donateur de ce qu'il a donné ; dans le second cas, le donateur perdra la place ou la faveur qu'il aura pu obtenir, sans préjudice des dommages et intérêts auxquels, suivant les circonstances, il peut être condamné solidairement avec le corrompu ; dans le troisième cas, si l'injustice obtenue est contraire aux intérêts de l'état, le corrupteur sera condamné comme voleur avec fausses clefs, article 384 et 385 du code pénal. Si le tort est envers un particulier, il sera condamné comme voleur dans une maison habitée, article 386 du même code, et de plus, solidairement avec le corrompu, aux dommages et intérêts résultant de son action, l'injustice obtenue annulée.

Quant au corrompu, pour le premier cas, il sera condamné à perdre ses droits de citoyen, conformément à l'article 28 du code pénal, plus à l'amende de deux fois la valeur des sommes ou valeurs qu'il aura touchées.

Pour le second cas, le corrompu sera privé de tous ses droits de citoyen, avec dégradation ; puni comme voleur ou escroc, conformément à l'article 386 du code pénal ; condamné à l'amende du double des valeurs qu'il aura touchées, et, solidairement avec le corrupteur, aux dommages et intérêts qui peuvent être dus. Pour le troisième cas, si le dommage causé par le corrompu est contraire aux intérêts de l'état, il sera condamné à la dégradation, au carcan, au bannissement perpétuel ; si le dommage est contraire à des intérêts privés, il sera condamné à la dégradation avec privation de tous les droits de citoyen, et à un bannissement de dix à vingt ans. Dans ces deux cas, il sera condamné solidairement avec le corrupteur aux dommages et intérêts qui peuvent être dus, et à une amende double des valeurs qu'il aura pu toucher.

Les corrompus ne pourront jamais faire valoir à leur profit les circonstances atténuantes. Cette faveur ne sera pas refusée aux corrupteurs.

Comme c'est un des plus grands services qu'on puisse rendre à la nation et au roi, que de faire connaître les fonctionnaires publics qui ne craignent pas de prévariquer dans l'exercice de leurs fonctions, les corrupteurs qui par leurs aveux faciliteront la répression de la corruption, ne seront frappés que du minimum des peines qu'ils auront encourues.

(Il faut faciliter, par tous les moyens possibles, la chasse aux fonctionnaires fripons; dût-on, pour y parvenir, employer les fripons privés, comme le fait la police, en prenant à gages les voleurs les plus exercés.)

CHAPITRE VI.

D'UNE CORRUPTION PARTICULIÈRE.

Lors de la vente des biens nationaux dits d'émigrés ou du clergé, on cherchait moins à obtenir des prix approchant de la valeur de ces propriétés, qu'à faire changer de maître à ces sortes de biens. Les acquéreurs de ces immeubles étaient regardés comme des défenseurs intéressés du nouvel ordre de choses ; et des individus suspectés de manquer de civisme se sont justifiés avec succès, en prouvant qu'ils avaient acquis des biens nationaux. Il s'était établi près des districts, où se vendaient ces biens, des sociétés de spéculateurs aigrefins, qui éloignaient les véritables curieux, soit en leur offrant une indemnité qu'ils appelaient chapeau, soit en promettant de leur céder l'immeuble pour un prix convenu, eux étant sûrs de s'en rendre adjudicataires à un prix beaucoup plus bas. Quand la société était adjudicataire, alors, entre les associés, quelquefois même avec le concours de tiers, on procédait à une nouvelle adjudication, et les bénéfices résultant de cette dernière vente étaient partagés entre les associés ; on appelait cette association le petit district. Et telle est l'origine de la fortune de plusieurs de ces anciens associés. Ce fait, tout répréhensible qu'il était, avait acquis presque une existence légale. Comme les acquéreurs de biens nationaux étaient réputés d'excellents citoyens, ou du moins hommes fort attachés par intérêt personnel à la république, il était naturel qu'on leur trouvât un titre à la confiance, et qu'un grand nombre d'entre eux fussent nommés fonctionnaires publics. Le mépris ne frappait pas l'illégalité de leur fortune. La République avait, disait-on, volé les biens qu'elle vendait :

c'était un voleur qui en volait un autre, partant quitte. Si l'on a pu tolérer de semblables illégalités, si l'on n'a pas flétri ces spoliateurs, c'est que la partie lézée, la nation, croyait n'en pas souffrir, et qu'elle pensait, par politique, devoir favoriser la mutation ou la transmission aux patriotes d'alors des biens des émigrés et du clergé, d'après des estimations excessivement basses, et que la dépréciation du papier monnaie rendait presque nulles.

Ces spéculateurs, après les ventes nationales terminées, ont tourné leur industrie sur les ventes opérées par les particuliers ; la pudeur ne leur a pas permis d'exercer aussi ostensiblement leur commerce ; d'ailleurs les vendeurs avaient un intérêt à les surveiller : mais ces industriels n'ont point cessé d'exister. C'est sans doute pour obvier aux pertes qu'ils pourraient faire éprouver aux mineurs et aux incapables, que la loi a ordonné que les biens de ceux-ci fussent, avant leur mise en vente aux enchères, vus et estimés par des experts (Ce qui a fait une innovation dans la procédure). C'est aussi sans doute dans le même but que l'état fait estimer au préalable les coupes de bois et les autres immeubles qu'il met en vente. Il semblerait qu'au moyen de ces estimations préalables, on puisse penser que l'industrie de ces gens, qu'on pourrait appeler écumeurs de ventes, comme on désigne les pirates par écumeurs de mers, ne saurait plus porter de préjudice aux vendeurs, puisque, nonobstant ces industriels, les vendeurs doivent toujours avoir un prix proportionné à la valeur de l'objet vendu ; mais cela n'a fait que restreindre les bénéfices des écumeurs de ventes, sans éteindre leur industrie. Pour les frapper plus directement, le code pénal publié en 1810 porte, article 412, que ceux qui entravent la liberté des enchères, doivent être punis d'un emprisonnement de quinze jours au moins, et de trois mois au plus, d'une amende de cent francs au moins, et de cinq mille francs au plus. « La même peine aura lieu contre ceux qui, par dons ou promesses, auront écarté les enchérisseurs. » Voilà bien les écumeurs de ventes désignés ; il semblerait que cette pénalité ait pulvérisé leur industrie et qu'il n'en existe plus, car dans ce que je connais de jurisprudence, je n'ai rencontré aucune application de cet article. Aurait-il échappé aux gens du roi, ou ceux-ci n'ont-ils jamais été frappés des faits qui doivent en provoquer l'application ? Cependant, il n'y a peut-être pas en France un notaire, un avoué, un conseiller de préfecture, qui ne sache qu'il existe des gens qui, par spéculation, éloignent au moyen d'une remise, qu'on appelle chapeau, les citoyens désireux des objets mis en vente. Il y a quelque temps que les journaux nous apprenaient qu'un individu qui se trouvait sur la place du Châtelet, lorsqu'une pluie battante survint, voyant entrer plusieurs personnes dans le même lieu, et pensant que ce lieu était public, s'y réfugia pour se mettre à l'abri de la pluie. Il entra ainsi dans la salle des ventes. Ce nouvel arrivé fut pris par l'amateur de l'objet qui allait être vendu, pour un concurrent redoutable; on l'aborde, on lui demande s'il est bien désireux de devenir propriétaire de l'objet en vente. Lui, répond d'une manière ambiguë; ce qui confirme les soupçons. Alors on offre, pour éloigner sa concurrence, quarante mille francs. Il hésite; enfin il accepte; et ce passant, pour n'avoir pas eu de parapluie, pour être entré dans cette salle, y a gagné quarante mille francs, et en est sorti sans savoir ce qu'on y vendait. Ceux qui font un semblable commerce, ne s'en cachent pas; ils l'avouent ingénuement. Tout le monde peut en avoir rencontré, et il est sans exemple, à ma connaissance, qu'on ait réprimé un semblable délit. La faute en est peut-être à la loi qui, contre ce délit, est incomplète et mauvaise, parce qu'elle ne satisfait que la vindicte publique, sans indiquer comment sera réparé le dommage fait au vendeur. Aurait-on rejeté les plaintes de vendeurs jouissant de tous leurs droits, sous prétexte que le tort qu'ils ont éprouvé leur est imputable, faute de soins ou de surveillance? Quelle raison peut-on donner, quand il s'agit des mineurs ou des femmes? Au-dessus de leurs tuteurs et de leurs maris, le ministère public n'est-il pas leur protecteur? Il faut absolument corriger la loi, et lui faire déclarer des indemnités qui, dans ces circonstances, peuvent être dues aux vendeurs; il faut enfin stimuler le ministère public à en surveiller l'exécution.

Nous l'avons dit, la loi est mauvaise et incomplète; elle est mauvaise, parce qu'elle est trop sévère. La sévérité des lois contribue pour beaucoup à leur inexécution. Ici, il n'est question que d'un délit occasionné par une passion déréglée : l'amour de l'argent. C'est donc par l'argent seul qu'il faudrait le réprimer; la prison ne devrait être qu'une exception accessoire. Ici, il y a encore corrupteurs et corrompus, mais sans parité avec les cas que nous avons précédemment examinés. Ni l'un ni l'autre des coupables n'a prêté le serment d'être honnête, probe et de protéger la légalité : leur délit est moins grave aux yeux de la loi; et devant elle, ils sont parfaitement égaux.

Il nous paraît donc convenable de rédiger le second paragraphe de l'article 412, comme il suit :

Ceux qui, par dons ou promesses, auront écarté les enchérisseurs, et ceux qui auront accepté lesdits dons et promesses, seront punis comme il suit : Si le vendeur le trouve convenable, la vente sera annulée, et le corrupteur écumeur de ventes sera condamné, à titre d'amende, à payer deux fois la valeur des sommes qu'il a données; et celui qui a reçu pour ne point enchérir, sera condamné, à titre aussi d'amende, à payer trois fois la valeur qu'il aura reçue.

Si le vendeur le demande, l'immeuble sera de nouveau mis aux enchères, sur la mise de l'adjudicataire augmentée de deux fois la valeur qu'il a donnée pour écarter les enchérisseurs; si, sur ces nouvelles enchères, il reste adjudicataire, il ne sera exercé aucune autre poursuite contre lui. Celui qui a reçu, pour ne point enchérir, sera condamné, à titre d'amende, à trois fois la somme qu'il a touchée, à moins qu'il ne se rende lui-même adjudicataire, en augmentant le prix d'adjudication de la somme qu'il devait payer à titre d'amende. Dans ce cas, le premier adjudicataire paiera son amende du double au fisc. Si, sur cette nouvelle adjudication, ni l'un ni l'autre ne reste adjudicataire, les amendes ci-dessus prononcées seront payées en totalité au fisc.

Si ce délit ne parvient à la connaissance du vendeur ou du ministère public, qu'après que les objets vendus seront passés en mains tierces, ou qu'on ne puisse plus annuler l'adjudication et remettre les objets en vente, sans porter préjudice à autrui, alors l'adjudicataire sera condamné à des indemnités envers le propriétaire frustré ; ces indemnités seront réglées par le tribunal, et ne pourront être moindres que deux fois la valeur donnée pour écarter les enchérisseurs. Si, sur les faits qui seront soumis au tribunal, il y a preuve qu'on a usé de fraude pour tromper les enchérisseurs, alors, aux peines ci-dessus établies, sera ajoutée une condamnation à la prison, de quinze jours à trois mois, suivant l'importance de la fraude ou de l'imposture.

MM. les préfets, sous-préfets, conseillers de préfecture, notaires, avoués, commissaires-priseurs, qui, procédant à des ventes dans l'exercice de leurs fonctions, s'apercevront qu'on a cherché à éloigner les enchérisseurs, ou qu'il a été fait des pactes pour nuire à la vente, en dresseront tout de suite le procès-verbal, qu'ils adresseront à M. le procureur du roi, lequel informera pour poursuivre, s'il y a lieu, la répression du délit. Les poursuites pourront être également faites par le vendeur ou par ses représentants, par le tuteur, par le curateur, ou par le mari. Dans ces causes, le procureur du roi sera toujours entendu : il pourra et devra toujours poursuivre d'office, quand ces délits viendront à sa connaissance, ou sur la dénonciation du vendeur, lorsqu'elle lui paraîtra fondée.

CHAPITRE VII.

CHANGEMENT ET ADDITION A LA LOI ÉLECTORALE.

Les colléges électoraux seront à l'avenir composés de tous les citoyens âgés de 25 ans, ayant leur domicile dans l'arrondissement du tribunal civil, payant deux cents francs de contributions foncières; de tous les docteurs et licenciés à une des facultés de l'instruction publique; de tous les maires, adjoints et membres des conseils municipaux de l'arrondissement; des officiers de la garde nationale et de ceux de l'armée ou de la marine, en retraite, jouissant d'une pension de douze cents francs; des notaires et des avoués, après trois ans d'exercice.

Lorsque l'arrondissement a le droit de nommer deux ou plusieurs députés, il ne sera plus fait de division dans le collége, pour attribuer à chaque division la nomination d'un député: tous les députés d'un arrondissement seront nommés par le collége unique de cet arrondissement (11).

Lorsque le collége contiendra plus de cinq cents électeurs, il sera fait des sections, composées de trois à cinq cents personnes chacune.

L'assemblée se tiendra toujours au chef-lieu de l'arrondissement. Lors de l'assemblée du collége, le bureau ou les bureaux seront provisoirement présidés par le président du tribunal civil; les sections, par le vice-président et les juges du tribunal. Les maires et les adjoints des communes, qui dépendent de l'arrondissement, seront scrutateurs, en cas d'insuffisance des maires et des adjoints. Pour donner quatre scrutateurs au collége et à chacune des sections, ils seront suppléés par des personnes indiquées sur la liste des électeurs comme payant le plus de contributions. Le greffier du tribunal civil, les avocats suivant l'ordre de leur inscription au tableau, seront appelés à remplir les fonctions de secrétaires du collége et des sections.

Lorsqu'on procédera à la nomination du député ou des deputés, il sera également nommé un censeur enquêteur; le vote, pour ce dernier, sera séparé et écrit sur un papier d'une couleur différente de celui qui sera destiné au bulletin pour les députés.

Les fonctions et les devoirs du censeur enquêteur sont de connaître directement ou sur dénonciation de tous les faits de corruption, captation, intimidation, promesses, ou autres voies illégales de la part des fonctionnaires publics, de quelque ordre qu'ils soient, pour faire obtenir des suffrages à tels ou tels individus désignés, ou pour empêcher qu'on ne donne des suffrages à une personne indiquée; de connaître aussi des faits de même nature qu'on pourrait imputer aux candidats et aux députés nommés, de poursuivre la répression de ces délits.

Le censeur enquêteur n'a point à connaître des différents qui ont pû surgir entre les électeurs, des injures ou autres faits qui pourraient avoir troublé l'ordre ou blessé des citoyens : ces faits étant étrangers aux fonctionnaires publics, candidats ou députés restent dans les attributions directes des tribunaux, comme pour les causes ordinaires.

Le censeur enquêteur a, pour remplir les fonctions qui lui sont dévolues, les mêmes attributions que celles qui sont accordées par la loi aux juges d'instruction ou aux procureurs du roi, pour arriver à la répression des délits.

Le censeur enquêteur n'est point obligé de poursuivre sur toutes les dénonciations qui peuvent lui être faites; il est le premier juge; il peut donc renvoyer les dénonciations en mettant au bas que le fait ne lui paraît pas prouvé ou qu'il n'est pas de sa compétence; et le dénonciateur peut poursuivre, s'il le pense convenable, par les voies ordinaires, sans que le refus du censeur enquêteur puisse nuire en rien à son action.

Les fonctions du censeur enquêteur ne sont point obligatoires dans les causes qui seraient poursuivies d'office; elles sont seulement offertes à ceux qui pensent que les fonctions de procureur du roi et de juge instructeur, à raison de leur dépendance directe du ministre, ne leur permettent pas d'employer dans ces sortes de causes tout le zèle nécessaire au succès de la poursuite.

Lorsque le censeur enquêteur, soit par lui-même, soit par dénonciation, aura la conviction qu'un délit du genre de ceux qui entrent dans sa compétence a eu lieu, il instruira la cause suivant les formes données par les lois pour arriver à la répression des délits.

Toutes les causes introduites par le censeur enquêteur seront soumises au jury séant en cour d'assises.

Pour le développement de la cause et pour soutenir l'accusation, le censeur enquêteur sera libre de se faire assister d'avocats qui pourront porter la parole en son nom.

En ces causes, les fonctionnaires ne pourront se prévaloir de l'article 75 de la constitution de l'an 8, qui exige que le conseil d'état autorise la poursuite (12).

La preuve contre les fonctionnaires publics, comme aussi contre les candidats nommé ou non nommé député, sera faite par toutes les voies ordinaires, conformément à l'article 20 de la loi du 26 mai 1819. Les articles 368, 369, 370 du code de délit et des peines, ne pourront être implorés par les défendeurs.

Si, sur les faits venus à la connaissance du censeur enquêteur, ou qui pourraient résulter des débats devant les jurés, il paraît constant que le fonctionnaire mis en cause n'a agi que d'après les ordres ou même d'après l'invitation du ministre, ces faits seront constatés, les pièces ou interrogatoires tendant à le prouver seront envoyés à la chambre des députés qui en jugera.

Le fonctionnaire public qui prouve qu'il n'a agi que d'après la recommandation de son supérieur, se trouve dans une circonstance d'excuses qui peuvent être assez puissantes pour ne le rendre passible que de la réprimande, lorsque, sans recommandation, il n'a fait qu'imiter ce que son supérieur lui donnait en exemple : il sera puni de la peine inférieure à celle qui serait encourue par son supérieur.

Les préfets, les procureurs généraux, les procureurs du roi, les receveurs des finances, les commandants de gendarmerie qui auront employé leurs subalternes, soit pour répandre des circulaires aux électeurs ou des recommandations verbales, près de chacun d'eux, ayant pour but de recommander un candidat, sous promesses au cas de nomination d'obtenir pour l'arrondissement une faveur, comme une route, un dépôt ou autres avantages : qui près d'un électeur qu'on croit influent, lui promettront une place, ou une faveur s'il veut user de son influence, près de ses confrères, à l'effet d'obtenir la nomination de tel candidat, commettent abus de confiance et de puissance, sur la preuve de ces faits ils seront déclarés indignes et rayés du tableau des fonctionnaires publics. Les fonctionnaires subalternes qui se seront conformés à ses ordres, s'ils l'ont fait comme s'ils agissaient sans recommandation, pourront être privés des appointements de leur place pendant trois ans ; mais s'ils ont déclaré dans leur demande agir d'après des ordres ou des recommandations supérieures, ils pourront n'être punis que de la réprimande.

Si l'action des fonctionnaires publics n'a pour objet que la recommandation d'un candidat, sans que cette recommandation soit accompagnée de promesses avantageuses à l'arrondissement ou aux particuliers, ces fonctionnaires seront punis de la privation des appointements de leur place pendant trois ans, et les fonctionnaires subalternes qui auront agi dans cette circonstance, d'après les ordres de leurs supérieurs, seront seulement admonétés par M. le Président, qui leur rappellera que leurs fonctions ont pour objet spécial un service public, et non pas un service particulier ou ministériel.

Si l'action des fonctionnaires publics n'a pour objet que de rappeler les électeurs à l'accomplissement de leur devoir, en leur donnant des conseils sur la ligne de conduite qu'ils doivent suivre, mais sans indiquer aucun individu comme candidat convenable, cette action sera déclarée intempestive ; et au cas de récidive, le fonctionnaire pourra être privé d'un an à trois mois des appointements de sa place.

Si dans l'acte publié pour indiquer la ligne de conduite à suivre, le fonctionnaire a eu la témérité de mettre en cause la royauté, de supposer que celle-ci, ou bien le maintien de l'ordre, exige qu'on agisse de telle manière, cette action sera réputée injurieuse à la nation et au roi, et punie de la suppression des appointements pour six ans.

Toutes les fois qu'il sera prononcé contre un fonctionnaire l'indignité ou la suppression des appointements à temps, le même fonctionnaire sera rayé de la liste des électeurs pour le même temps ; si c'est pour cause d'indignité, il sera rayé à perpétuité.

Dans ces faits relatifs aux fonctionnaires, on devra ne pas confondre ce qu'ils auront pu dire ou faire, comme électeurs eux-mêmes : c'est l'abus qu'ils ont pu faire de l'influence de leur place qui seul est répréhensible.

S'il est prouvé qu'un candidat a promis de faire obtenir une ou plusieurs places, afin d'avoir le concours de certains électeurs, le susdit candidat sera rayé de la liste des éligibles pour la première convocation du collége ; et s'il est parvenu à se faire élire, son élection sera déclarée nulle.

Celui qui, d'après la promesse d'une place ou d'un emploi, promesse faite soit par le ministre, soit par un fonctionnaire ou un candidat, aura, sous l'espoir de ces promesses, cherché à influencer les électeurs, sera déclaré incapable d'occuper une place ou un emploi d'ordre public, c'est à dire salarié par l'état, pour d'un an à trois ans, suivant le plus ou moins de gravité des faits qui lui seront reprochés.

Si le candidat a obtenu des voix par le moyen d'achat, par argent ou par des choses qui peuvent contribuer à augmenter la fortune des électeurs recevants, l'élection sera déclarée nulle.

Si les électeurs d'une opinion venaient à se coaliser, pour corrompre par achat des électeurs d'opinions dissidentes, ce fait sera déclaré offense grave à la morale publique ; les vendeurs et les acheteurs coalisés seront condamnés à ne pouvoir voter aux deux ou trois élections suivantes : et suivant la gravité de l'action, il pourra être ajouté à leurs noms, sur la liste des électeurs : Ne votera pas pour cause d'inconduite. Si cette coalition a un chef, le chef éprouvera une condamnation double, c'est-à-dire pour quatre à six élections.

Dans tous les cas, l'électeur qui aura vendu son vote, sera condamné à verser au bureau de bienfaisance de sa localité, trois fois la valeur qu'il aura touchée.

Pour le jugement de ces causes, le jury ne sera jamais formé de jurés résidant dans l'arrondissement où le fait dénoncé aura été exécuté, ni de jurés portés sur la liste des électeurs dudit arrondissement.

Les fonctions de député sont déclarées incompatibles avec toutes les fonctions salariées par la couronne ou par l'état. Cependant les fonctionnaires salariés par l'état ou par la couronne peuvent être nommés députés ; mais s'ils acceptent la députation, l'acceptation équivaudra à la démission de leurs fonctions.

Le fonctionnaire nommé député pourra, après l'expiration de son mandat de député, être nommé aux mêmes fonctions ou aux fonctions supérieures à celles qu'il exerçait avant d'être nommé député. Le temps passé à la députation sera ajouté à celui pendant lequel il a rempli des fonctions, pour fixer sa pension de retraite ; si les fonctions qu'il remplissait exigeaient un certain stage pour obtenir des fonctions supérieures, le temps de stage courra pendant sa députation.

Aucun cens de contributions foncières ne sera exigé pour être élu député : ainsi, il pourrait se faire qu'un député ne fût pas électeur ; il lui suffira de prouver qu'il est citoyen français, n'étant affilié à aucune corporation étrangère ou régnicole non reconnue par la loi.

Les députés reçoivent pour indemnité vingt francs par jour, depuis le jour de la convocation des chambres jusque trente jours après la prorogation ou la dissolution des chambres.

Lors de la réunion des colléges, la loi sur les élections et celle sur les délits qui peuvent s'y commettre, sont affichées au lieu de réunion du collége.

(En général, comme l'avenir des fonctionnaires publics, même inamovibles, dépend du bon vouloir des ministres ; il est naturel de penser qu'ils font tout ce qu'ils peuvent pour obtenir la bienveillance des ministres. D'où vient qu'à la chambre des députés beaucoup d'entre eux ne sont que des pions dont se sert le ministre pour combattre ses adversaires, que dans les départements ils sont bien plus les soldats de la puissance que citoyens ; et quand le gouvernement, avec cette armée de fonctionnaires, est parvenu à dominer l'opinion publique, il faut des commotions violentes, presque des révolutions, pour le ramener dans les voies légales. Le ministère, aveuglé par la puissance, ose menacer pour se maintenir, d'employer la force ; il oublie que le canon tiré par Charles X a rejailli sur sa couronne, que celui tiré par le roi de Naples sur les Siciliens a donné la liberté à ces derniers, et que les bayonnettes françaises sont les plus intelligentes du monde entier. Il est donc utile que la loi modère le servilisme des fonctionnaires publics, et sanctionne par des pénalités ses prescriptions).

CHAPITRE VIII.

SUR LES ÉLECTIONS MUNICIPALES.

Quant aux élections municipales, nous proposons que les villes ne soient plus divisées en fractions électorales, parce qu'un membre d'un conseil municipal ne représente pas un quartier de la ville, et qu'il est très-rare que les quartiers d'une ville puissent avoir des intérêts différents ;

Que les conseillers municipaux ne puissent être pris parmi les fonctionnaires publics ;

Qu'il faille au moins dix ans de résidence dans une ville pour pouvoir faire partie de son conseil municipal ;

Que toutes les délibérations du conseil municipal soient rendues publiques, soit par la voie des journaux de la localité, soit à défaut de journaux, par un placard affiché à la porte de la municipalité ;

Que les archives des villes soient accessibles à tous les habitants ; qu'il soit fait un règlement qui indique comment on pourra les compulser, là où il n'y a pas un inventaire détaillé de leur contenu ; et que où il se trouve un semblable inventaire, la communication ne puisse jamais en être refusée à un citoyen ayant intérêt à le parcourir.

CHAPITRE IX.

SUR LES INJURES ET LES CALOMNIES.

Si Dieu permet qu'un jour, enfin, le patriotisme se réveille en France, sans amener de révolutions, que tous les Français croient qu'il est de leur devoir de concourir aux élections. Des luttes entre les diverses opinions pourront devenir vives; et dans ces cas, les invectives, les injures, quelquefois la diffamation sont des armes illégales dont se servent les partis. Ces faits sont des malheurs particuliers qui n'ont aucune importance d'ordre public, et dont les offensés peuvent poursuivre le redressement. Dans ces circonstances, il arrive quelquefois qu'on puisse faire valoir des excuses légitimes, parce que les excès sont souvent provoqués par le parti contraire: les tribunaux pourront en apprécier l'importance; mais nous ne pouvons nous empêcher de remarquer combien sont mauvaises nos lois répressives contre l'injure ou la diffamation. Ce point important de notre législation semble n'avoir pas été compris de nos législateurs, qui sont restés dans l'ornière des préjugés féodaux et du point d'honneur, en établissant seulement des amendes pour la répression des injures.

Autrefois le droit de justice était une propriété, et les amendes formaient un revenu important du fisc ou des seigneurs; ainsi, plus les sujets commettaient de fautes, plus ils étaient précieux au seigneur. Maintenant, cette pénalité par les amendes est une des choses les plus absurdes qu'on puisse concevoir. Quelle peine éprouve un millionnaire, quand, pour injure, on le condamne à quelques francs ou cents francs, tandis que, pour la même faute, un pauvre diable sur la même condamnation est obligé, pour s'acquitter, de jeûner ou d'éprouver de grandes privations? Le premier n'est pas puni du tout, tandis que le second l'est d'une manière très-sensible. A-t-on pensé qu'il n'y a que des goujats qui puissent s'insulter, se traiter d'infâmes, de traîtres, de polissons, de lâches, etc., et que les autres personnes, étant bien élevées, doivent trouver au bout de leurs épées la répression de l'injure? N'est-ce pas une dérision de croire que deux personnes, hautement placées dans l'ordre social, iront soumettre leurs injures au tribunal de police municipale, pour faire condamner l'une d'elles à cinq francs, art. 471, § 11, C. P.? Et dans ces procès en diffamation, n'est-ce pas une chose fort étrange de voir la partie qui se dit offensée, demander vingt mille francs plus ou moins, de dommages et intérêts? Qu'ont donc de commun l'honneur et l'argent? Peut-on dire ce que valent en argent les épithètes de menteurs, d'infâmes, de lâches, de polissons, de débauchés, etc., etc. Un Rotdschild peut donc s'amuser à insulter tous les passants, sans nuire le moins du monde à son crédit; et même, s'il est protégé, il peut aller jusqu'aux soufflets, sauf, ensuite, à se reposer dans une maison de santé qui lui sera donnée pour prison. Les amendes devraient être fixées dans la proportion de la fortune de l'offenseur; et tel pourrait être condamné à une amende d'un million de francs, qui serait encore moins puni que le pauvre ouvrier qui supportera une condamnation d'un franc; en général, les amendes sont une peine inconvenante qu'il faut remplacer par d'autres pénalités.

Dans l'état actuel de notre législation, il semble que le législateur ait reconnu tacitement que le duel est le complément des lois sur l'injure. Quoiqu'un échappé du conseil d'état, sans grand renom, ait dit au corps législatif que le duel était réprimé par le code pénal, alors personne n'en a rien cru. On n'a pu voir dans les articles 295 et suivants du code pénal, où la répression des meurtres se trouve parfaitement définie, que le duel pouvait effectivement y entrer, lorsqu'il avait eu lieu irrégulièrement, abusivement; dans ce cas, effectivement, il perd son nom, on peut l'appeler un assassinat, ou un guet-apens; mais le combat singulier, la guerre entre deux particuliers, le duel bien et duement qualifié, réglé ou défendu par les lois antérieures, bien défini par les dictionnaires de l'académie, enfin ce que tous ceux qui comprennent la langue française, entendent par duel, ce que savaient, sans doute, les rédacteurs du code pénal, pas un mot ou un synonyme relatif au duel ne se trouve dans ce code : et c'était bien ainsi que le comprenait le gouvernement, quand il a fait présenter à la chambre des pairs un projet en répression du duel. Est-il possible qu'on puisse se vanter d'avoir fait une découverte dans une loi, d'avoir en cela rendu un service à l'ordre social, en lui apprenant que le duel est défendu par notre code? Mais si celui qui a fait cette découverte était au collége composant en thême, qu'il s'avisât de traduire guet-apens par *duellum* ou par *certamen singulare*, et duel par *homicidium*, on lui donnerait, avec raison, des pensums pour huit jours ; chez les jésuites, il aurait eu les étrivières. C'est un malheur, lorsque la magistrature se laisse séduire par les épilogueurs, taquins ou chicaneurs, querelleurs, qui abondent au palais ; gens qui ne recherchent pas le moins du monde ce qui est juste ou équitable, mais les exceptions, les embûches, qu'ils commentent pour obscurcir et dénaturer les textes les plus clairs et les plus intelligibles : véritables duellistes qui combattent avec la parole pour vaincre à tort ou à raison.

Je ne puis m'empêcher d'en citer encore un exemple. On est parvenu à faire juger que les chemins vicinaux sont imprescriptibles, le maire de la commune poursuivant au nom de l'intérêt public la destruction des œuvres faites immémorablement près d'une voie publique, municipale. (Voie publique, municipale, assemblage monstrueux de mots incohérents.) Ainsi voilà un maire agissant au nom du public, action réservée exclusivement au roi; voilà une commune qui possède un objet public, ce qui est le caractère des objets appartenant à la nation; une commune qui réclame un privilége pour sa propriété, privilége qui n'est reconnu par aucune loi. Et tous ces abus sont fondés bien moins encore sur l'ignorance du droit que sur celle de la signification du mot français public qui, d'après l'académie française et le sens dans lequel le législateur l'a employé, veut dire la nation, la généralité du peuple; ce que les Latins désignaient sous le nom de *publicus*, en parlant des choses, et de *populus* ou *gens*, en parlant des personnes. Les Latins ont des expressions spéciales pour désigner les habitants des cités, des villes, des villages; et ces expressions sont fort distinctes de celles qui signifient la nation, le public, le *respublica*, qui est le véritable sens du mot français public. C'est dans cet intérêt du public qu'on parvient à vexer un propriétaire riverain à un carrefour ou à une ruelle. Lorsqu'une commune ne peut posséder que des terrains communaux, des propriétés privées, les propriétés publiques ne peuvent appartenir à personne ; elles sont à la nation. En vérité, il semble que la langue française ne soit pas connue au palais, tant est singulière la signification ou le commentaire qu'on donne aux mots. Les juges ne peuvent trop se garder, sous le vain prétexte de commentaire, de rien ajouter aux lois. Ces analogies sont trompeuses ; c'est la porte la plus dangereuse de l'arbitraire.

Revenant à notre sujet, nous disons que le duel est le complément des lois répressives des injures. Supposons que deux personnes bien éduquées, tenant un certain rang dans l'opinion publique par leur fortune, leur intelligence, viennent enfin à s'oublier, jusqu'au point de se faire réciproquement des injures fort graves, allant jusqu'aux soufflets, en présence d'un assez grand nombre de personnes pour que ce fait puisse ensuite être su de toutes leurs connaissances. (Cette supposition est un fait qui malheureusement arrive fort souvent). Un duel suit cette querelle : un des combattants est tué. Irez-vous faire un procès au survivant qui aura peut être reçu le soufflet, et le condamner aux travaux forcés à perpétuité, comme homicide, ou à la mort comme assassin ? Lui direz-vous : Vous deviez demander justice aux tribunaux, et l'on vous aurait vengé, en condamnant votre adversaire à un mois de prison et à seize francs d'amende ; peut être même vous aurait-on fait la faveur de lui donner deux ans de prison et deux cents francs d'amende. — Mais ceux qui suivent ce conseil sont flétris dans l'opinion publique : on les appelle figures à Giffes (Giffe, mot populaire qui veut dire soufflet). Cela répugne à tout homme d'honneur, à toutes nos traditions, à tous nos préjugés, si l'on veut ; aussi, je ne sache pas que, malgré les poursuites dirigées contre des combattants en duel, le jury ait encore prononcé une culpabilité contre les combattants ; c'est là un malheur heureux. Malheur, oui ; car cela en est un, si le duel est défendu, que l'inexécution de la loi ; heureux, car l'existence de cette loi, si toutefois elle existe, est fort problématique. Cependant il n'est pas douteux que ce serait un bienfait réel que de pouvoir contenter l'honneur offensé, sans être obligé de recourir au duel : cela ne peut s'obtenir que par une bonne loi sur la répression des injures. On a beaucoup critiqué le principe de la loi du Talion ; néanmoins elle est l'expression de l'équité ; et toutes les fois qu'on peut l'appliquer, il y a justice. Si les voleurs subissent galère ou prison, c'est que c'est le manque de fortune chez un individu qui le plus ordinairement le porte à commettre un crime ; autrement la punition juste serait de condamner le voleur à restituer le double du dommage qu'il a causé, afin qu'il éprouvât le même préjudice que celui qu'il voulait faire à autrui. Mais en fait d'injure ou de déconsidération, il y a toujours moyen de punir l'insolent et le calomniateur, sans les frapper d'amende ou de prison, à moins que le coupable ne soit jugé un être abject : dans ce cas la prison et le bâton en peuvent seuls faire bonne justice. Mais pour les autres individus, depuis l'excuse simple en présence de témoins indiqués, l'excuse à genou, l'excuse écrite, la demande de pardon, jusqu'aux soufflets donnés en place publique par le bourreau, il y a une infinité de dégrés et de peines diverses de même nature ; c'est tout un code à faire, une échelle d'injures, d'offenses, de diffamation à mettre en regard d'une autre échelle de peines correspondantes : alors seulement ceux qui ne se contenteront pas de cette loi, et qui voudront encore redresser les torts avec leur épée, pourront être jugés coupables de désobéissance aux lois et condamnés à la prison et à des dommages intérêts envers les héritiers du mort. Ces dommages intérêts pourraient être portés à la moitié de la fortune du vainqueur, le duel s'étant passé régulièrement, c'est-à-dire à armes égales, sans abus de forces naturelles ou acquises ; et pour le cas d'irrégularité, d'armes inégales, d'abus de force physique ou d'adresse acquise, le duel devrait être puni comme homicide ou guet-à-pens, par des peines indiquées au code pénal. Nous avons déjà traité cette question du duel au n° 5 de nos mémoires pour servir à l'histoire de Lorraine, tome 2 p. 35. Nous connaissons une foule d'ouvrages sur le duel ; ils nous ont tous paru plus ou moins médiocres, excepté celui de M. Brillat Savarin ; cette question du duel mérite de fixer l'attention de nos légistes philosophes ; il faut la discuter, présenter ses plans. J'ai donné mes idées, d'autres peuvent en avoir de meilleures, mais tous doivent chercher à faire disparaître une lacune véritable dans nos lois. Bien certainement le duel est un délit contre l'ordre public, et il est fâcheux que toujours il reste impuni ; il faut chercher à rectifier ce qui se trouve de défectueux dans nos lois répressives des injures. Je n'ai examiné ces questions que comme complément de la loi sur les élections, parce que la brigue, les luttes sont souvent l'occasion d'injures, et que la répression de celles-ci peut servir de complément aux dispositions relatives aux élections.

J'ai dit ce que je croyais devoir servir de principes au travail : si l'on adopte ces principes, il sera facile de former une espèce de code que l'on pourrait appeler le code de l'honneur.

Toutes les pénalités, établies par les lois françaises, ont été conçues d'après le genre de répression qui était en usage lorsque la loi a été promulguée; changer le genre de répression, le régime des prisons ou celui des galères, c'est porter atteinte à la loi en changeant la nature des peines qu'elle a établies. Si le régime des prisons devient un supplice inhumain? Si le prisonnier n'occupe plus qu'un espace grand comme son tombeau? S'il est privé d'air? S'il est réduit au mutisme des animaux les moins intelligents? Si l'infraction à cette discipline barbare est punie avec une cruauté atroce jusqu'à l'incroyable? Si pour le prisonnier les galères sont un bienfait? Si l'homme le plus robuste ne peut résister à ce régime, pendant un certain temps, sans devenir fou, ou sans être frappé de fièvres muqueuses ou du Typhus? Il faut absolument changer toutes les pénalités indiquées dans le code, pour en régler l'application d'une manière différente. C'est la plus monstrueuse injustice qu'on puisse citer, que de soumettre un condamné à une peine différente et plus forte que celle qui était connue au moment où la loi qui le frappe a été promulguée; c'est illégalement aggraver la peine. C'est réellement une chose fort déplorable qu'en France on soit toujours porté à adopter les idées les plus bizarres, qui peuvent avoir cours chez les autres nations, et que, sous prétexte de moraliser les prisonniers, on empire leur position d'une manière cruelle. On appelle ce procédé philanthropique; mais si l'on avait voulu, sans assassiner les prisonniers, accélérer leur descente au tombeau, on n'aurait pas pu mieux imaginer que les prisons cellulaires avec régime au mutisme. Aujourd'hui, les inventeurs de ce régime l'abandonnent; et on le prône en France; on excite les départements a construire des prisons de cette espèce; on ne réfléchit pas que c'est tripler au moins la peine prononcée par la loi. L'homme condamné doit-il donc être livré à l'arbitraire des geôliers? Quand l'homme est privé de sa liberté, n'est-ce pas alors qu'il importe le plus à la justice de le protéger? Ha! messieurs les prétendus philantropes, qui, avec ce nouveau régime prétendez moraliser nos prisonniers, vous n'êtes que des barbares qui manquez de jugement et d'humanité.

CHAPITRE X.

DU PAUPÉRISME.

L'examen que nous avons dû faire de notre état social actuel, pour traiter les questions que nous venons de soumettre au public, nous a porté à étudier les causes du paupérisme. Question importante et toute palpitante d'intérêt et d'actualité. Autrefois le paupérisme pouvait résulter de la concentration de la fortune entre les mains du clergé qui, immuable, ne rendait jamais rien, et de la noblesse qui, par accident, se dépouillait d'une partie de ses biens, dont les bourgeois profitaient; mais, pour ces temps, il faut bien se souvenir que le menu peuple, les paysans surtout étaient d'une très-grande ignorance : ils vivaient en disputant souvent leur nourriture aux animaux ; ils regardaient comme un grand bienfait de recevoir le pain à la porte d'un couvent, une ou deux fois la semaine. La plupart d'entre eux ne se croyaient pas de la même espèce humaine que les favorisés de la fortune; et, bien qu'il y eût plus de misérables qu'il ne s'en trouve aujourd'hui, leur ignorance des douceurs de la fortune, la fatalité de leur naissance, à laquelle ils attribuaient leur malheur, le sentiment de leur abjection, tout les portait à souffrir; et à leurs plaintes ils n'auraient osé joindre la menace (13). La justice barbare qui faisait pendre, sans miséricorde, le moindre voleur ou braconnier, contribuait pour beaucoup à maintenir en repos cette nombreuse population de misérables. Mais aujourd'hui, rien en France n'est comparable à cet ancien état de choses: la révolution, en jetant dans le commerce les biens immenses du clergé et ceux d'une partie des nobles, en appelant aux armées tous les hommes, en donnant de l'occupation à toute la masse du peuple, avait fait disparaître le paupérisme; et il n'y avait plus d'autres misérables que ceux qui vivaient dans l'inconduite ou dans l'immoralité.

La misère a reparu. Nous en trouvons la première cause dans l'erreur de nos gouvernements, qui ont cru utile de recréer les grands seigneurs d'autrefois; une seconde cause, mais plus grave dans ses résultats, est l'adoption des principes de l'économie politique anglaise; la troisième est due à la centralisation. Examinons ces trois choses.

CHAPITRE XI.

DU RÉTABLISSEMENT DES GRANDES FORTUNES.

Evidemment, dans un état il n'y a qu'une certaine valeur de richesse : favoriser l'inégalité de la répartition de la fortune, c'est aider certaines personnes à cumuler dans leurs mains et à y retenir ce qu'ils peuvent enlever à la fortune de leurs voisins; on rend stable cette inégalité, en créant des majorats qui rendent invendables et mettent hors du commerce certains biens, et en accordant aux favorisés des priviléges, des grâces et des places. Nous n'avons jamais conçu comment l'empereur Napoléon, Louis XVIII et le roi son successeur ont pu adopter ce préjugé de l'utilité des grandes fortunes ou des grands seigneurs pour relever la splendeur du trône; car l'histoire de toutes les monarchies, depuis la première page jusqu'à la dernière, donne la preuve que toujours les grandes fortunes ou les grands seigneurs ont alimenté les guerres civiles, et qu'ils ont souvent mis le trône en péril, quelquefois chassé la famille régnante. Pour la sécurité du prince, il importe que les agnats de sa famille soient sans crédit et sans pouvoirs. La plupart des grands seigneurs de l'empire, par leurs défections ou par leurs trahisons ont contribué beaucoup à la chûte de leur bienfaiteur. Depuis, nous avons eu deux restaurations : l'une, en faveur de la légitimité; l'autre, en faveur de la souveraineté du peuple. On peut voir ce qu'ont coûté les nombreux restaurés de ces deux époques, en comparant nos budgets actuels avec ceux de l'empire. Nous offrira-t-on, pour compensation de dépenses énormes, les chemins de fer et ces forts qui, en ronde autour de Paris, ressemblent à des monstres, gueule béante, prêts à vomir la mort? La plupart des grands créés par ces deux restaurations ont dédaigné les oripeaux d'honneur, les titres de comte, duc ou marquis, vrais préjugés de l'ancien régime ; ils ont préféré se rendre suzerains de plus ou moins de millions d'écus ; et cependant ce sont de fort rares exceptions que de rencontrer parmi ces nouveaux riches, des hommes qui soient bienfaisants envers le peuple ou envers qui que ce soit. Ne conçoit-on pas qu'un individu qui a cent mille écus de rente, possède à lui seul ce qui pourrait mettre dans l'aisance cent ménages, quand même il dépenserait ses revenus, ce qui est chose rare chez cette espèce de gens. Il n'est pas moins certain que les cent ménages enrichiraient au moins quatre-vingt-dix fois plus l'état par leur consommation, par l'aisance qu'ils porteraient dans ce qui les entoure, par le travail qu'ils procureraient aux classes pauvres, par leur participation à la défense du trône et du pays, que ne le peut faire un seul homme, supposé le plus patriote et le plus bienfaisant possible.

Ce qui est un principe certain et incontestable, c'est que la nation la plus heureuse et la plus riche n'est pas celle où il se trouve de grandes inégalités dans la fortune des habitants, et où il y a des gens très-riches et par contre des citoyens très-pauvres ; mais bien celle où il n'y a pas de pauvres, et où tout homme, par son travail, peut se procurer sa subsistance et celle de sa famille. C'est donc un principe funeste à la couronne et à la nation, que de favoriser la cumulation de la fortune à l'avantage de certains individus, au lieu de seconder, par tous les moyens possibles, le morcellement de la fortune, en faveur du plus grand nombre ; car, nul ne s'enrichit d'une terre, qu'en en privant celui qui la possédait avant lui. On a une foule d'exemples de la vérité de nos principes. Comparez l'état des communes avant la révolution, avec leur état actuel. Là où se trouvaient de grands fiefs appartenant aux seigneurs, ou à des prélats, les paysans étaient très pauvres et très-malheureux, la commune sans ressource ; depuis la vente et le morcellement des fiefs, les mêmes communes sont devenues fort riches et se trouvent peuplées d'un grand nombre d'individus dans l'aisance ; et encore aujourd'hui, là où sont conservés ces grands fiefs devenus fermes, les communes sont bien moins riches, moins peuplées, ont beaucoup plus de pauvres et de misérables que les autres communes où ils ont été divisés et vendus. C'est donc enrichir la nation, diminuer la misère, que de favoriser le morcellement des grandes fortunes ; on pourrait même dire que ce n'est point porter préjudice aux grands propriétaires; car ce qui fait le revenu d'une terre, c'est le prix qu'on donne de ses produits; or ce prix s'augmente en proportion du nombre et de l'aisance des consommateurs. Si ces derniers sont chassés par la misère et forcés d'aller se coloniser en Amérique ou à Alger, ou si pour votre sécurité, vous êtes obligés d'en nourrir gratuitement une bonne partie, bien certainement dans ces circonstances vos revenus seront très peu productifs; et mille hectolitres de blé, entourés de mille pauvres, auront moins de valeur que cinq cents hectolitres entourés de mille individus vivant sans aumônes. Evidemment la valeur des terres augmente en proportion de la population qui les entoure, et de l'aisance de cette population. Les émigrés en ont eu une expérience frappante: on a saisi leurs fiefs, on a annullé leurs droits féodaux, vendu leurs terres et châteaux; et le peu de terres, de bois, ou de maisons invendues qui leur ont été restituées par Napoléon ou par Louis XVIII, ont plus rapporté à un grand nombre d'entre eux, et avaient plus de valeur, que n'en avait avant la saisie, le fief entier; et cela vient de ce que les portions confisquées avaient enrichi et augmenté les habitants du fief. J'ai l'expérience de ce fait pour trois ou quatre familles.

Gélon, roi de Syracuse, disait qu'il est plus facile de gouverner mille citoyens riches, qu'un seul citoyen qui n'a rien à perdre. Le ministre comte de Saint-Germain pensait que tout homme qui n'a ni maison ni propriété, n'a point de patrie, que les soldats qui ont quelques biens ne désertent jamais. C'est la multiplicité des petits propriétaires qui fait la force et la richesse de l'état; le petit nombre des grands propriétaires en fait la faiblesse, rend problématique sa tranquillité.

Bien certainement un are de terre à un kilomètre de Lille, département du Nord, vaut cent fois plus qu'un are de meilleur terrain situé à même distance de Bône ou de Constantine, et vaut dix fois moins que la même étendue de terrain près de Canton ou de Pékin: c'est la population entourant les terres qui seule leur donne de la valeur. Enlevez de France tous les individus qui vous paraissent pauvres, que les machines privent d'ouvrage, et dont vous dites être gênés; adoptez les plans anti-humanitaires qui ont pour but de réduire la population par la dissolution du lien de famille et par l'impudicité des mœurs: alors vous aurez bien moins de consommateurs des produits du sol, bien moins d'individus à vêtir; les produits industriels deviendront surabondants et sans valeur ; le blé ne vaudra que ce qu'il vaut en Pologne ou à Odessa, six ou sept francs l'hectolitre, peut-être atteindra-t-il onze francs, prix de vente de la dernière année à Odessa. Dans cette circonstance, le propriétaire qui tire trois mille francs d'une ferme, dont le revenu moyen est calculé sur vingt francs l'hectolitre de blé, ne retirera plus de la même ferme que douze cents francs. Ainsi les propriétaires ont un intérêt très-grand, très-direct, à favoriser l'accroissement de la population ; mais ils ne peuvent le faire avec succès et profit qu'en mettant eux-mêmes dans le commerce et par morcellement une partie des immeubles qu'ils cherchent à accroître, et non pas en formant de grands domaines exploités par un seul fermier, mais en multipliant le nombre des petites fermes exploités par autant de fermiers différents.

CHAPITRE XII.

DES PRINCIPES DE L'ÉCONOMIE POLITIQUE ANGLAISE.

En imitation de ce qui se fait et se dit en Angleterre, on nous crie, que favoriser l'industrie, les manufactures, les inventions, les perfectionnements, c'est enrichir la population, augmenter son aisance. C'est fort bien pour l'Angleterre, qui est moins une nation qu'une maison de commerce ; qui fait la guerre au peuple le moins offensif du monde, pour le forcer à s'empoisonner avec sa marchandise, qui s'impose tous les sacrifices possibles pour ruiner le commerce, non seulement des puissances rivales, mais même des puissances amies ; qui fera la guerre pour faire respecter son pavillon et même les barques de ses pêcheurs.

Le résultat, pour l'Angleterre, a été d'enrichir démesurément des particuliers, mais non la nation, qui est elle-même frappée de la lèpre du paupérisme, fléau qui attaque plus ou moins un cinquième de la population des îles britanniques, malgré la prépondérance de son commerce sur près de trois cent millions d'âmes. Il est vrai de dire que cette misère est due non seulement aux grands seigneurs de l'industrie, mais bien plus encore aux grands seigneurs du sol qui, pour leurs plaisirs, maintiennent incultes dans leurs seigneuries inaliénables, quinze millions d'acres de terre, dont la culture pourraient nourrir trente millions d'individus et augmenter le nombre des cultivateurs de plus de trois millions. Ce sont donc les aristocraties industrielles et nobiliaires qui ont créé la misère et le paupérisme de l'Angleterre, qui ont donné naissance à l'impôt en faveur des pauvres. Nous croyons trouver dans ce fait la cause la plus forte qui doit amener un jour chez cette nation mercantile une révolution sociale ; cette cause grandira à proportion que la prépondérance de l'Angleterre sur les autres nations ou sur ses colonies diminuera ; et cette diminution doit arriver au fur et à mesure que les nations ou les colonies acquerront de l'industrie, et fabriqueront elles-mêmes les choses qui leur sont utiles : ainsi les principes du commerce pris pour principes de gouvernement finiront par rendre l'Angleterre la nation la plus pauvre, quoique renfermant dans son sein des individus possédant des fortunes colossales ; cela nous paraît inévitable, si l'on n'apporte pas des changements importants à son organisation sociale. Tant que ce gouvernement conservera ses nombreuses colonies, qui lui offrent une population de cent-cinquante-quatre millions de consommateurs de ses produits, tant qu'il conservera sa prépondérance sur plusieurs nations, comme en Portugal, en Orient, aux Indes-Orientales, dans l'Océanie, contrées qui lui offrent encore un nombre égal de consommateurs et des matières premières à très bas prix, tant que ces divers peuples resteront sans industrie, ces deux cents et quelques monstrueuses fabriques anglaises pourront travailler avec profit, bien que dans les trois royaumes européens-anglais, on ne compte que dix millions soixante-cinq mille six cents individus occupés du commerce, comme marchands, manufacturiers et ouvriers (suivant Malte-Brun, qui rapporte les calculs de Balbi dans sa balance politique du globe faite en 1821.) Lors du perfectionnement des machines, les ouvriers présumèrent avec raison que ces perfectionnements leur porteraient préjudice ; ils brisèrent les machines, incendièrent les manufactures, et dans cette lutte le peuple fut vaincu bien plus par la force que par les raisons des économistes anglais qui cherchèrent à populariser leurs principes. Depuis 1821 les machines ont encore éprouvé des améliorations ; on a construit beaucoup de chemins de fer qui ont ruiné un grand nombre d'industries ; le résultat immédiat a été d'augmenter le paupérisme. Dans le nombre de 6,065,600, donné en 1821, en soustrayant les marchands, les manufacturiers, les ouvriers qui travaillent à la main (nombre qui ne nous est pas donné), pour avoir seulement les ouvriers employés aux manufactures, on n'en trouvera peut-être pas aujourd'hui un million ; et qu'on examine quels immenses produits fournissent un si petit nombre d'individus, et l'on ne sera plus étonné de la misère.

C'est au grand, à l'immortel Colbert, que nous devons en France l'introduction des manufactures. A son époque, cette introduction favorisait le peuple ; car, dans ces nouveaux établissements, presque tout se faisait à bras, et fort peu de chose par les machines. On a calculé que Colbert avait enrichi la France de plus de cent millions de revenus, et fait sortir de la misère et du servage un très grand nombre d'individus ; qu'il avait créé cette classe ouvrière intermédiaire entre le peuple et la bourgeoisie. On a bientôt senti l'importance de cette nouvelle classe sociale, qui, à peine créée, avait singulièrement amélioré et enrichi l'état. Aussi, les machines inventées par Vaucanson, qui indiquaient chez leur auteur au moins autant de génie que peuvent en avoir nos plus célèbres machinistes modernes, furent-elles rejetées comme devant diminuer le nombre des bras employés aux manufactures, et comme pouvant compromettre cette prospérité si heureusement introduite dans le peuple. Cette sollicitude, pour les ouvriers, est fort remarquable sous un gouvernement qui croyait avoir le droit d'imposer ses caprices au peuple ; ce que nos docteurs actuels croient devoir blâmer, traitant ce sentiment philanthropique de préjugé routinier.

En France, confondre les intérêts des marchands, des spéculateurs ou des industriels avec l'intérêt public, ce n'est pas seulement une ignorance de notre position sociale, c'est un délit de lèze-nation, c'est vouloir réduire à la misère une partie du peuple, pour enrichir les charlatans et les aigrefins ; c'est vouloir s'élever en foulant des cadavres ; car les industriels sont les plus grands ennemis du bien-être du peuple, ce sont eux qui créent le paupérisme ; ne vantent-ils pas comme la chose la plus admirable, la découverte d'une machine avec laquelle on peut remplacer les bras d'une centaine de personnes ? C'est du progrès sans doute, oui, c'est un progrès qui enrichit une personne pour en ruiner cent ; et de progrès en progrès de cette nature, nous arriverons à constituer la nation la plus malheureuse et la plus pauvre, une nation ou le paupérisme représentera la force nationale et par contre la véritable souveraineté.

L'impôt en faveur des pauvres ne subsiste pas encore légalement en France, mais la peur le fait subsister de fait ; qu'on nous dise quelles sommes immenses cet impôt a coûté à la France en année 1847, et si les industriels qui ont contribué à cet état de choses et qui seuls en ont profité, ont été les plus généreux envers les classes nécessiteuses ? Etre obligé de nourrir les hommes dans la fainéantise, c'est le plus grand malheur possible, c'est alimenter tous les vices. Mais à côté de ces industriels nous trouvons les philanthropes qui favorisent l'instruction du peuple. Nos pauvres ne seront donc pas des ignorants comme les serfs abjects qui n'osaient pas se croire de la même espèce humaine que leurs seigneurs. Et vous ne craignez pas que cette continuité de votre système administratif ne fasse naître parmi les pauvres que vous rendez intelligents, un homme doué d'une grande énergie, d'un talent assez supérieur pour appeler à lui tous ceux qui souffrent et parvenir à culbuter tout votre ordre social. Qu'importe qu'on puisse au moyen des machines, se procurer à très bas prix, ce qui autrefois coûtait fort cher ; que ce qu'on appelle le confortable soit descendu jusqu'aux basses classes sociales! qu'importe qu'on puisse pour un franc avoir ce qui avant l'existence de certaine machine coûtait 7 ou 8 francs et même plus, si le peuple ne gagne pas même ce qui est indispensable pour sa nourriture ? A quelque bas prix que soient les vêtements, ils seront toujours du luxe pour celui qui meurt de faim. Oui, le confortable devenu populaire est une fort belle chose, mais quelque précieux que soit ce confortable, il nous paraît payé trop cher, quand dans son prix, se trouve le malheur d'une foule de compatriotes réduits au paupérisme.

La France n'est point une maison de commerce; c'est une nation agricole, militaire et commerçante, qui se doit tout à la protection de ses nombreux habitants, à l'effet de leur procurer le plus grand bien-être possible, ce qui ne peut pas arriver lorsqu'on protège une portion de ses membres aux dépens des autres, lorsqu'on n'entretient pas l'harmonie ou l'équilibre dans tous les moyens à l'usage de la nation.

Pour arriver, si ce n'est à la prospérité, du moins à l'aisance on dit qu'il faut favoriser l'industrie. Quoi ? qu'entend-on par là ? les manufactures, les produits artificiels? Fort bien, si cette protection ne peut nuire à aucune classe de citoyens, si par suite de cette faveur qui doit enrichir le manufacturier, vous ne portez pas la ruine ailleurs, autrement votre protection n'est plus qu'une injustice, un privilége, un malheur; ainsi vous criez merveilles, vous récompensez de croix d'honneur celui qui a perfectionné les machines; vous ne vous contentez pas de le flatter, vous lui donnez des priviléges qui doivent l'enrichir; rien de mieux, il faut honorer, encourager les gens de génie ; mais après il faut voir quel est sur la population le résultat de ces savantes découvertes, et savoir si la population ouvrière n'en souffrira pas; et si elle en doit souffrir, il faut modérer le privilége accordé de manière à ce qu'il porte le moins de préjudice possible, ne pas croire qu'on ne doit point s'inquiéter de l'avenir des ouvriers. Penser que, quand on leur enlève un moyen d'existence, ils peuvent apprendre à faire autre chose, cette pensée est barbarement absurde; comme si l'on pouvait dire au médecin faites-vous avocat et aux avocats faites-vous géomètres, quoique ces intelligences, puissent, dans leur éducation, trouver des ressources que le malheureux ouvrier ne peut pas trouver dans la sienne, elle ressemble beaucoup à la réponse inhumaine *je n'en vois pas la nécessité*, faite par un ministre, au placet qui terminait; *car enfin il faut monseigneur que je vive*. Par la protection accordée aux chemins de fer et aux machines; protection qui annulle une foule d'industries, les heureux du siècle passent avec la rapidité du vent, sur les ruines plaintives des populations. La misère du peuple et des villes départementales est la conséquence la plus directe, la plus logique des machines à vapeur. Il serait curieux de connaître le montant de la réduction du revenu des octrois, des villes de Rouen et d'Orléans, et l'augmentation de leur paupérisme, depuis qu'elles sont traversées par un chemin de fer.

Les mauvais riches, incommodés de la présence du mal qu'ils créent, deviennent partisans, non pas du communisme, mais des principes inhumains de Malthus et proclament l'utilité des couvents. Dans leurs déraisonnements, ils imploreraient le choléra ou le Typhus. Si ces fléaux, en frappant les riches comme les pauvres, ne montraient en cela plus d'équité que les hommes n'en ont, le choléra, en tuant promptement ses victimes, serait un bienfait comparativement à un système qui fait mourir lentement de faim. Mais cette protection inintelligente accordée à l'industrie, n'a pas même contribué à l'enrichissement de ceux qu'elle déclarait protéger. Les améliorations successives apportées aux machines, ont occasionné des perturbations fort ruineuses aux industriels, qui faisaient valoir des machines moins perfectionnées, et ont réduit à la misère les nombreux ouvriers qui y étaient attachés. Le perfectionnement dans le tissage des draps a ruiné toutes les anciennes manufactures de drap de notre département, excepté une seule. Le nouveau perfectionnement apporté aux forges ruine un grand nombre de forgerons dans les

Vosges. Tous les nouveaux établissements sont conçus sous un développement extrême, et comme pour remplacer tous les établissements de même industrie, précédemment subsistants; ce qui fait que ceux-ci, même en perfectionnant leurs procédés, ne peuvent plus lutter, sans perdre, contre les établissements nouveaux. Les manufacturiers, forgerons et autres industriels, comptant sur la providence et plus encore sur les statistiques commerciales, dont les raisonn ements et les tableaux de chiffres dédaignent souvent le bon sens, travaillent et produisent démesurément, ce qui les oblige ensuite à vendre leurs marchandises en perte, à se ruiner; et en se ruinant, ils ruinent leurs confrères, dont les produits ne peuvent plus soutenir la concurrence avec ceux de même nature qu'on offre à vils prix. Toutes ces perturbations laissent un grand nombre d'ouvriers sans ouvrage : depuis dix ans, ces oscillations très-nombreuses ont occasionné une foule de ruines. Aussi, disait-on que c'était pour venir au secours de la classe ouvrière, qu'on a entrepris un grand nombre de travaux, réellement gigantesques, comme les fortifications de Paris, les chemins de fer, une foule d'ouvrages plus ou moins inutiles, ordonnés par les villes. Malgré ces travaux exubérants à l'état ordinaire, on dit que le paupérisme est en France de 13 0/0, relativement à la population; que sera-ce donc quand ces travaux seront finis? Et l'on pousse l'anglomanie jusqu'à maintenant prôner le libre échange, sans douane, presque sans droit; ce serait donner le coup de grâce à bon nombre de nos manufactures, et à tous ceux qui y trouvent des salaires. Mais nos manufactures, ou au moins le plus grand nombre d'entre elles, ne sont pas dans une position aussi heureuse que celles d'Angleterre, qui ont une excellente houille à bas prix, sans frais de transport, où la main d'œuvre d'une haute intelligence est même à meilleur compte qu'en France; et par les vaisseaux, tous les produits anglais peuvent arriver dans nos ports à très-peu de frais, en supposant, ce qui est hors des choses possibles, que les manufacturiers de Mulhausen, qui achètent la houille beaucoup plus cher que les Anglais, et qui sont obligés de payer des frais de transport assez considérables, pour faire parvenir leurs marchandises dans nos ports, puissent, sans perte, soutenir la concurrence. Les Anglais, dans leur infernal esprit mercantile, pourront faire en France ce qu'ils ont fait au Brésil, ce qu'ils veulent faire à Montevideo, inonder la France de leurs produits, faire pendant un an ou deux des pertes, en livrant, à vils prix, leurs marchandises sur nos marchés. Nous ne pourrons pas, pour beaucoup d'articles, soutenir la concurrence. Nous cesserons de produire ces articles, quand les fabriques qui les fournissaient seront fermées ; alors seulement ils rétabliront le prix véritable de leurs marchandises, et nous ne serons plus qu'une province, sous l'influence de ces forbans, comme se trouve maintenant le Portugal ; dans cette position, à quel chiffre de proportion par cent le paupérisme arrivera-t-il en France ?

Il faut donc, si l'on veut protéger chez nous l'industrie, accorder cette protection, non pas au haut de l'échelle industrielle, mais bien au bas, c'est-à-dire aux ouvriers, et remercier l'étranger de toutes les offres qu'il pourrait nous faire de ces produits artificiels que nous pouvons exécuter chez nous.

Deux nations peuvent servir de modèle : la Chine et le Japon ; La Chine, dites-vous, ce peuple barbare ? Oui, ce peuple barbare, tant que vous voudrez, qui est tellement ignorant qu'il ne sait manœuvrer ni le mousquet ni le canon, qui a eu le bonheur de passer trois cents ans sans guerre, qui nourrit cent trente millions d'âmes, qui n'a point de machines à vapeur, mais seulement des bras produisant des choses admirables, que vous n'avez encore pu imiter ou égaler ; qui a eu la haute sagesse, lorsqu'elle a vu de quelle manière se conduisaient les Européens aux Grandes-Indes, d'interdire l'entrée de son royaume aux Européens. Ce beau pays, malgré la tyrannie capricieuse de son empereur, malgré ses bizarres religions, n'a point de paupérisme ; jamais un chinois ne donne l'aumône (ce qui ne veut pas dire qu'il n'y ait point de pauvres) ; les pauvres sont nourris aux frais de l'état : cette nation qui nous a devancés pour beaucoup de découvertes, que nous n'égalons pas encore dans certaines industries, est donc plus sage que ne le sont les peuples de l'Europe, et même plus libre que ne le sont certaines nations ; la liberté des cultes y est absolue ; le fait de nos missionnaires jésuites ou autres qui s'en sont fait chasser, ne détruit pas cette assertion de liberté : ces gens par leur prétention à dominer et à gouverner ayant troublé la paix publique, ont dû être expulsés ; mais les catholiques non turbulents y vivent protégés et en paix. La France, sous des principes gouvernementaux semblables, pourrait contenir et nourrir plus de 100,000,000 d'habitants, et conserver la paix pendant des siècles; car, hors des querelles religieuses, des intérêts commerciaux, des prétentions divergentes à la couronne, on ne peut concevoir des motifs de guerre, à moins que ce ne soit pour repousser des forbans qui voudraient nous imposer leurs croyances et leurs modes.

Si les Anglais parviennent à introduire en Chine leurs marchandises et leurs machines, ce sera le plus grand fléau qui puisse frapper ce pays, qui de très riche deviendra très pauvre, et portera le paupérisme à un développement considérable, en privant de travail plus de cinquante millions de personnes.

Par cette citation je n'entends pas qu'il faille, en France, imiter en toute chose les Chinois; mais c'est un exemple de la bonté de mes principes, qui accordent protection aux faibles plutôt qu'aux forts, qui favorisent les masses, et non les individus.

CHAPITRE XIII.

DE LA CENTRALISATION.

Sans doute il faut dans un état un centre d'action, une unité de direction, une seule loi politique, une seule loi civile, une seule puissance directrice de toutes les forces de l'état; mais voilà tout ce qui doit être unique; par position les citoyens ont quelquefois des intérêts divergents; tous ne cherchent pas le même but, tous n'ont pas la même croyance, les mêmes habitudes, les mêmes besoins, tous paient pour être également protégés, également libres. Le gouvernement doit donc sauve garder et respecter tous ces droits divers, et répartir sur tous les points de l'état les bienfaits dont il peut disposer. Si l'administration doit être une, ce ne doit être qu'en principes et non pas pour le personnel ou pour les agents; il n'est pas indispensable que la même personne juge les besoins des habitants de Brest et de Strasbourg, et qu'il faille du centre étendre la surveillance jusqu'aux plus minimes détails qui ne peuvent avoir d'intérêt que pour une localité : il semblerait que dans les départements on ne se meuve et qu'on ne respire que sous le bon plaisir des ministres; cette centralisation est fort coûteuse et prolonge les affaires d'une manière fort fâcheuse, sans utilité pour les habitants des départements, et contribue pour beaucoup à établir le servilisme. On se déclare dévoué à un ministre (qu'intérieurement on blâme) soit pour obtenir une faveur, soit pour qu'une demande ne soit pas refusée, malgré la justice du bon droit qui l'appuie: certainement il est de toute impossibilité physique et morale qu'un ministre puisse juger en connaissance de cause tout ce qui lui est soumis; il est obligé de s'en rapporter à ses chefs de bureaux, et ceux-ci aux sous-chefs, qui souvent peu pressés d'obliger, forcent par le fait les parties intéressées à faire un voyage à Paris; alors, sans que le ministre puisse le savoir, peuvent s'exercer beaucoup de captations fâcheuses, avec d'autant plus de raisons que les employés de Paris ne savent souvent nullement apprécier par eux-mêmes l'opportunité ou la justice des demandes. Et pourquoi donc, lorsque nous ne sommes plus sous la domination de rois qui se disaient légitimes, c'est-à-dire propriétaires de la France et de ses habitants, exiger le consentement des ministres pour un objet communal de fort peu d'importance, lorsqu'avant la révolution on pouvait faire certaines choses sans l'approbation ou l'autorisation de personne, si ce n'est l'acquiescement des habitants? Au défaut de l'unanimité de ceux-ci ou en certaines circonstances, la permission de l'intendant du pays suffisait; en sorte qu'il est de fait qu'aujourd'hui les communes jouissent de moins de liberté qu'elles n'en avaient avant nos révolutions; que chez plusieurs nations Européennes les communes ont plus de puissance, plus de franchises qu'elles n'en ont en France; que demain il en sera peut-être de même dans les royaumes de Naples et de Sicile, le mauvais régime municipal ou plutôt l'absence de ce régime étant la cause principale de l'insurrection italienne. Ne sait-on pas que ce sont les communes qui, en France, donnèrent assez de force à la couronne pour vaincre la féodalité, que la couronne abusant de cette puissance reçue, pour devenir despote, fut vaincue par les communes, que ce sont celles-ci qui par leur dévouement et leur patriotisme soutinrent tout le fardeau de notre première et héroïque révolution?

C'est dans les communes que se créent le civisme et le patriotisme; ce sont elles qui élèvent les grands hommes qui doivent un jour illustrer leur patrie; c'est dans la commune que ces grands hommes prennent leurs premières leçons, qui leur font connaître les besoins de leurs compatriotes, et qui les initient par la connaissance qu'ils prennent de l'administration communale, aux savantes combinaisons de l'administration générale de l'état.

Les communes sont la base de la pyramide sociale; si les communes sont mécontentes, si le citadin ne se sent pas protégé par son administration locale, qui serait plus jalouse de faire sentir sa puissance que sa justice, alors on devient indifférent ou opposé à l'administration communale. Celle-ci, par l'abandon ou l'opposition, finit par être ébranlée ; or, quand la base d'un édifice manque, évidemment l'édifice s'écroule. De bonnes administrations sont la plus forte, la plus grande garantie contre les révolutions.

Actuellement, nos administrations municipales sont dans des langes serrés par le ministère ; elles ne peuvent rien faire que sous le bon plaisir de l'omnipotence du ministre, qui, par ce fait, exerce une très-grande influence, là où cette influence ne devrait nullement se faire sentir.

Mais à côté de la charte qui proclame la souveraineté du peuple ou de la nation, les lois qui permettent que notre représentation nationale ne soit qu'une fiction, que l'administration municipale soit sous l'influence ministérielle, ne sont-elles pas aussi dérisoires, au regard de la charte, que cette inscription sur la porte d'une prison : *Hôtel de la Liberté !*

Quel inconvénient peut-il donc y avoir à laisser aux communes, aux arrondissements et aux départements, l'entière administration des choses qui ne regardent qu'eux ? Si quelqu'un est lézé, n'a-t-il pas recours au conseil d'état ? Et quand ce qui se passera dans les conseils municipaux d'arrondissement, de département, sera rendu public ; quand, enfin, les administrations départementales seront électives, la censure des citoyens sera une bien plus grande garantie de la justice des délibérations prises par les administrations et par les divers conseils, que ne peut l'être la sanction d'un ministre qui en donne au moins neuf sur dix, sans en pouvoir apprécier la valeur. Cette bureaucratie, chef-d'œuvre du despotisme impérial, qui permet d'atteindre jusqu'aux plus minimes intérêts, qui met tous les individus sous les rets de la puissance administrative ; qui a deversé sur cette administration la discipline militaire, qui en fait une armée, dont les membres doivent être obéissants envers leurs chefs, comme un soldat envers son capitaine, n'est plus en harmonie avec nos nouveaux principes de gouvernement, qui n'admettent d'autorité que celle des lois et de la justice. Nous croyons donc qu'on doit décentraliser de Paris, ou plutôt soustraire des attributions des ministres tout ce qu'il sera possible d'en enlever sans entraver l'ordre public, pour le laisser aux administrations départementales et communales, et à leurs conseils.

Mais ce qui est beaucoup plus nuisible que la centralisation de l'administration publique, c'est celle, sur le même lieu de l'industrie mercantile et financière ; centralisation qui sera complétée par la création des chemins de fer qui tous aboutiront à Paris. Cette ville est réellement un chancre qui ronge toute la France : à l'avantage énorme, qui ne lui est pas contesté par les autres villes de France, d'être le siége du gouvernement et de ses ministres, elle joint celui de posséder les maîtres de l'enseignement de toutes les hautes sciences, les artistes les plus célèbres, les savants les plus distingués, les musées, les bibliothèques, les collections des arts ; elle est le séjour de tous les gens riches ; elle concentre dans son sein une armée formidable. Par ce fait, tout ce qui est bien dans les départements est inaperçu ; et l'homme capable ne peut obtenir de succès, qu'autant qu'il fait reconnaître son mérite par ses pairs de la capitale. Les habitants des départements sont obligés d'aller à Paris pour la moindre affaire pécuniaire, pour obtenir la moindre place, pour consulter les savants, etc., etc.

Les industriels, pour agir par leur commerce sur toute la France, ont dû se placer à Paris, et de là ils exercent une domination contre laquelle il est fort difficile de lutter. Rien n'est beau ou bon dans les départements, soit en meubles, en vêtements, en livres, en voitures, etc., etc., que ce qui est fait à Paris; comme ce qui se fait en masse s'opère toujours à meilleurs prix que ce qui se fait par petites pacotilles, les artisans et les artistes des départements ne peuvent soutenir la concurrence et tombent dans la misère. Le fait est bien plus remarquable sur les lieux parcourus par les chemins de fer : ceux-ci, après avoir ruiné dans les localités qu'ils parcourent, une foule d'industries, comme ce qui tient aux diligences, au charronnage, aux aubergistes, aux éleveurs de chevaux, etc., etc. (14) augmentent encore la ruine d'une foule d'ouvriers. La promptitude avec laquelle on peut se rendre à Paris pour s'y procurer ce qu'on désire, fait qu'on ne recourt plus aux ouvriers de la localité. Nous avons examiné dans un ouvrage, intitulé : *Les chemins de fer seront ruineux pour la France, et spécialement pour les villes qu'ils traverseront*, le mal que ces établissements devaient faire aux départements ; nous ne répèterons pas ce que nous avons dit à cette occasion; seulement nous ferons observer que lorsque cet ouvrage a paru, en 1842, les chemins de fer n'étaient point encore perfectionnés comme ils le sont maintenant ; ce qui détruit quelques-unes de nos critiques.

Non seulement le gouvernement centralise, mais les particuliers, suivant cet exemple, centralisent aussi. Ainsi, le même marchand réunit dans sa boutique ou dans son magasin, toutes les marchandises les plus diverses, comme s'il avait entrepris d'être le seul marchand de la ville. Il existe plusieurs établissements à Paris, où l'on peut aller s'habiller, depuis les souliers jusqu'au chapeau ; et ces établissements ont des succursales dans les départements, où ils vendent, à bas prix, ce qu'ils n'ont pu vendre à Paris, ce que l'on appelle, je crois, les nouveautés arriérées. Il en est résulté la déconfiture d'un grand nombre de petits marchands, ne tenant qu'une seule ou deux spécialités, et beaucoup de boutiques sans locataires ; de là, un tort immense pour les propriétaires, comme pour le petit commerce. Ce genre de centralisation ne se pose pas seulement à l'encontre des marchands au détail, dans la ville, mais encore à l'encontre des industries de la province.

Il s'est établi une association pour l'exploitation de la marbrerie ; elle a acheté les carrières de marbre ; de manière que les ouvriers de cette industrie sont obligés d'acheter près d'elle la matière première, ou la faire revenir de l'étranger. Cette association établit des magasins dans les départements, et fournit les monuments funèbres, les manteaux de cheminées, les dessus de meubles, pour toute la France ; et cela est organisé fort en grand et de telle sorte qu'il est impossible aux marbriers anciens de soutenir la concurrence. On pourrait, sans doute, rapporter beaucoup d'autres exemples que ceux que je viens de citer ; mais ces faits prouvent jusqu'à l'évidence la plus absolue que la centralisation gouvernementale, comme la centralisation industrielle, dans la même localité, aboutit à faire passer toute la puissance, comme toute la fortune ou les bénéfices, dans les mains d'un petit nombre d'individus qui augmentent leur puissance ou leur richesse, en proportion de ce qu'ils ruinent un plus grand nombre d'individus. Mais, messieurs les parisiens puissants ou riches croient-ils donc que le surplus de la France peut se contenter de n'être plus que leurs ilotes ? croient-ils donc que, quand nous serons occupés par l'ennemi cosaque, ou autre, nous serons consolés par la pensée que l'ennemi sera foudroyé par les forts de Paris ? croient-ils que celui qui meurt de faim est ravi de voir son voisin dans l'ivresse ? Les forts pourront bien un jour servir de point d'appui au surplus de la nation pour détruire le chancre qui ronge toute la France. Si la fortune rend égoïste, si l'égoïste n'a point d'entrailles, s'il est insensible au malheur d'autrui, les besoins et la faim font naître le courage, et affronter les périls les plus éminents. La lâcheté est le partage des efféminés; ce qui est commun chez les riches : qu'ils sachent donc que chacun d'eux a plus de mille adversaires très-courageux; si la dureté de leur cœur les empêche de sentir le besoin d'autrui, que l'intelligence de la peur leur fasse comprendre la nécessité, pour leur conservation, de faire des sacrifices afin d'alléger la misère qu'ils ont contribué pour beaucoup à déverser sur le peuple.

Ce serait donc un acte de patriotisme et de haute sagesse prévoyante, de décentraliser le plus possible, pour faire participer le plus grand nombre des autres villes au bienfait de notre ordre social : que Paris conserve ses musées, l'enseignement des hautes sciences, l'Institut et le collége de France, le siége du gouvernement; mais les Invalides, les écoles polytechnique, des ponts-et-chaussées, de médecine, de droit et autres établissements peuvent être placés toute autre part; rendez un peu plus de liberté et de droit aux administrations communales et départementales, enfin il faut trouver moyen d'engager des gens riches à dépenser leurs revenus en province. Paris renferme plus de rentiers à cent mille francs de rente qu'il ne s'en trouve dans le reste de la France.

CHAPITRE XIV.

PROJET D'IMPÔT.

Nous résumons ce qui précède, et nous proposons que le propriétaire de 2000 fr. de rente paie un impôt de 1 p. 0[0, que cet impôt soit porté à 2 p. 0[0 sur les 2000 fr. en plus de revenu, que cet impôt 1 p. 0[0 augmente par chaque 2000 fr. jusqu'à 30,000 fr. de revenu, et depuis cette somme jusqu'à 100,000 fr. soit fixé à 20 p. 0[0, et passé cette dernière somme de 100,000 jusqu'à indéfiniment qu'il soit fixé à 25 p. 0[0, ce qui représenterait le tableau ci-après 2000 fr. 1 p. 0[0 20 fr. pour 4000, 1 p. 0[0 sur les deux premiers mille et 2 p. 0[0 sur les deux second mille francs, 60 fr. pour 6000 fr., l'impôt sur les 4000 fr. comme il vient d'être fixé plus de 3 p. 0[0 sur les deux mille francs en sus, cela donne 120 fr. Ainsi on a le tableau, revenu 2000 fr. — 20 fr. impôt ou contribution.

4000 — 60
6000 — 120
8000 — 200
10000 — 300
12000 — 420
14000 — 560
16000 — 720
18000 — 900
20000 — 1100
22000 — 1340
24000 — 1600
26000 — 1880
30000 — 3400
100,000 — 17400
300,000 — 67400. On a calculé a 20 p. 0[0 sur 30,000 et 25 p. 0[0 sur 200,000.

Pour assurer la perception de la contribution, les percepteurs enverraient à leurs confrères la quote estimative du revenu, d'après le cadastre, des immeubles possédés par une personne qui ne demeure pas dans leur perception, au directeur des contributions directes de la demeure du propriétaire : ainsi les revenus territoriaux français que peut posséder une personne, seraient établis par le percepteur de la demeure de cette personne, et la contribution perçue par ce dernier : quant aux centimes additionnels et facultatifs qui ont pour objet les dépenses départementales ou communales, ils continueraient à être perçus comme ils le sont maintenant, seulement on en changerait la base ; c'est-à-dire qu'au lieu de les percevoir comme addition proportionnelle à la contribution foncière, ils seraient perçus sur l'estimation du revenu.

Celui qui, par des menées frauduleuses, se serait créé deux domiciles ou aurait transféré avec simulation son droit de propriété, le tout à l'effet de se soustraire à la progression des contributions, serait condamné au paiement intégral des revenus des biens qu'il aurait ainsi soustraits à la progression de la contribution pour tout le temps qu'aurait duré la simulation.

Toute machine ayant pour objet de remplacer le travail de l'homme sera taxée d'un droit de patente annuel, proportionné au nombre d'individus que la machine remplace : le droit de patente sera progressif de vingt en vingt individus de moitié du droit en sus : ainsi en supposant que la machine remplace vingt individus et que pour raison de ce fait le droit de patente soit fixé à 500 fr., pour quarante le droit serait 750 fr. c'est-à-dire 500 pour les vingt premiers individus ; 500 fr. pour les vingt seconds, plus moitié en sus 150 fr. ce qui donne les 750 fr., cette taxe ou patente doit être calculée de manière que l'ouvrier de semblable industrie puisse encore vivre du travail de ses mains sans avoir recours à la machine : nous ne pouvons avec certitude donner la progression de l'impôt sur les machines, mais cette progression doit être admise en principe pour pouvoir atteindre au but indiqué.

Lorsqu'un établissement sera connu fort en grand avec des instruments perfectionnés, de manière à faire tomber tous les établissements rivaux, la patente ou taxe de ce nouvel établissement sera augmentée avec progression en proportion de ce qu'il peut porter préjudice aux établissements déjà subsistants. Par cette stipulation on n'entend pas frapper de réprobation la construction de nouveaux établissements avec instruments perfectionnés, seulement on taxe de plus fort droit l'ambition ou le projet de remplacer tous ou un grand nombre d'établissements déjà subsistants, comme lorsque dans la métallurgie on réunit depuis la gueuse jusqu'à la filature, avec un grand nombre de fourneaux et de forges, et qu'on livre au commerce tous les produits métalliques qui, avant, sortaient de divers établissements distincts. Ce que protége la loi, c'est la divisibilité du travail et non sa concentration ou centralisation.

Tous les inventeurs de procédés tout-à-fait nouveaux, ou ceux qui perfectionnent les procédés anciens, devront recevoir des approbations ou des honneurs, de la part du gouvernement, qui pourra même inscrire leurs noms dans un Panthéon; mais ces nouveaux procédés, ne doivent être livrés à l'industrie qu'avec des conditions telles, que les anciens établissements n'en soient point ruinés : tout en conservant certains avantages au nouveau procédé, il faut autant que possible résoudre ce problème, ou approcher de la solution, faire vivre chacun de son travail; il y a une grande différence entre ne pouvoir lutter du tout et lutter avec moins d'avantages.

Les machines à vapeur, comme remplaçant des cours d'eau, ou la force des chevaux ne pourront donner lieu à l'accroissement d'un droit; de même les machines destinées à obtenir une grande précision ou une exactitude impossible, ou fort difficile à obtenir sans elles, ne pourront, non plus, donner lieu à aucun droit d'accroissement, ainsi que tout procédé ayant pour objet de fournir des produits entièrement nouveaux, comme ceux qui sont obtenus par la chimie, ou les découvertes dans les autres sciences.

Les marchands au détail paieront autant de droits de patentes, avec accroissement de droits, dès qu'ils réuniront dans leur boutique ou magasin des produits d'industrie différente. Ainsi : soieries, draperie, indiennes, toiles, schalls, dentelles, objets fabriqués, souliers, chapeaux, bas, chemises, donneront lieu à autant de patentes, avec accroissement de droit. On prendrait la patente qui donne le plus fort droit; la seconde, ensuite, serait ajoutée avec moitié en sus; la troisième, serait doublée; la quatrième, serait doublée, avec moitié en sus; la cinquième, triplée, ainsi de suite; de manière que les détaillants d'une seule marchandise soient favorisés au regard de celui qui veut remplacer cinq ou six, plus ou moins de détaillants.

Toutes les difficultés qui pourront naître de l'établissement des nouveaux droits progressifs, sur les manufacturiers ou marchands, seront soumises aux tribunaux de commerce. Quand il y aura appel de la sentence du tribunal de commerce, elle sera portée à une cour établie spécialement près du ministre et composée de quinze anciens négociants, marchands ou fabricants, nommés ou délégués pour cet effet par les notables commerçants des quinze villes de France les plus peuplées.

L'appréciation du droit d'accroissement dont doivent être frappées les machines remplaçant le travail des bras sera faite par une commission présidée par l'ingénieur en chef du département, et composée de six notables commerçants, dont trois s'occupant de l'industrie pour laquelle la machine a été composée et de deux maîtres ouvriers de la même industrie : ces notables et ces ouvriers seront désignés par le préfet.

La loi prohibe, en France, l'introduction de toutes marchandises manufacturées et de tous produits artificiels; sont exceptés seulement les objets d'archéologie ou de numismatique; les produits des arts d'agrément et de luxe, comme tableaux ou statues, pourvu que ces divers objets aient au moins cent ans d'existence. Seront reçus en franchises de tout droit les produits naturels et ceux de ces produits qui exigent une certaine préparation pour être livrés au commerce, les métaux en barre ou en gueuse : la loi détaillera ceux de ces objets qui peuvent être reçus après certaines préparations : seront également reçues en franchise toutes les espèces ayant cours de monnaies dans les pays étrangers.

Nous croyons que toutes ces dispositions doivent être très favorables aux classes inférieures de la société qui forment le plus grand nombre et la force de la nation. En multipliant les petites fortunes on augmente d'autant le nombre des citoyens intéressés à la prospérité de la France, des hommes dévoués à leur patrie. C'est aussi d'après le même principe qu'on doit chercher à multiplier le nombre des individus qui reçoivent des grâces ou des places, en ne cumulant jamais deux fonctions en faveur de la même personne, comme celle de conseiller à la cour, conseiller d'état, professeur etc., etc. C'est insulter à la France que de supposer qu'elle n'a pas assez d'hommes capables pour remplir tous les services, de manière qu'on soit obligé d'employer la même personne pour remplir plusieurs fonctions. M. Arago, l'une des capacités supérieures les moins contestables, et qui honore le plus la France, avouerait qu'il n'est pas le seul qui puisse convenablement remplir les fonctions difficiles qui lui sont confiées ; sans doute il est le plus méritant : cela étant reconnu il conservera de ses fonctions la plus difficile et la plus honorable, mais il abandonnera les autres à ses confrères en science et en talent: les seules fonctions dont le cumul puisse être permis avec les places rétribuées par l'état ou par la couronne me paraissent être celles de membre de l'Institut ou des sociétés savantes.

CHAPITRE XV.

AMÉLIORATION MORALE DE LA CLASSE PAUVRE.

Quelques efforts que l'on pût faire pour améliorer la condition du peuple, on n'aurait rempli que la moitié de ce but louable, si l'on ne cherchait pas en même temps à moraliser les individus.

Sans doute la religion est très favorable et fort utile pour atteindre à ce but ; mais c'est en prêchant la doctrine bien plus que les pratiques qu'on peut améliorer le peuple : malheureusement bon nombre de membres du sacerdoce ne savent pas faire la différence de ces deux choses qui leur paraissent aussi importantes l'une que l'autre, et entretiennent leurs ouailles de miracles plus ou moins absurdes, de l'utilité de la prière, etc. ; ils regardent comme un plus grand péché d'avoir fait gras un vendredi que de s'être grisé dévotement un lundi après la messe, ils n'aiment et ne protégent que ceux qui font l'exercice sous leurs ordres, et semblent penser qu'il est impossible d'être immoral, de laisser mourir de faim femme et enfants, lorsqu'on remplit bien *les pratiques de dévotion*. Eh ! quoi ! ne sait-on pas que les lieux de débauche en Espagne sont parés de christs et de madones, que le Corse et l'Italien font bénir le poignard qui doit vous assassiner ? Les brigands des Appennins n'ont-ils pas pour patron Antoine, ne font-ils pas leurs pâques exactement ? Les filles publiques en Belgique n'interrompent-elles pas leur infâme commerce au son de l'angélus, pour faire un signe de croix ? Les momeries religieuses ne sont aucune garantie d'une vie irréprochable ; les Italiens et les Espagnols, les peuples les plus catholiques du monde, sont bien loin d'en être les plus moraux (15). Les prêtres qui font prédominer la morale religieuse sur les pratiques sont peu communs; les Saint-Vincent-de-Paul, les Fléchier, les Fénélon, les Grégoire, sont de beaux modèles rarement imités. Effectivement, il faut beaucoup plus de talent pour faire sentir l'utilité de la morale par elle-même, pour le bien-être de l'individu, qu'il n'en faut pour être érudit dans les pratiques des saints personnages. Le caractère d'une religion réellement évangélique, est d'inspirer la tolérance et la charité, de conseiller et de consoler, sans exiger que le malheureux fasse abnégation de ses croyances. Partout où il se trouve des hommes qui professent ainsi leur divine religion, ils font beaucoup de bien, ils améliorent d'une manière très-sensible les classes pauvres, ils se font de très-nombreux prosélytes sans les catéchiser: et sans chercher les conversions, ils en opèrent beaucoup par l'exemple seul de leurs vertus; avec les miracles et les terreurs de l'enfer on fait des hypocrites qui par peur se conforment à des pratiques; mais avec des vertus théologales, la charité tolérante, le baume de l'espérance, ont fait bientôt naître la foi et l'on crée le chrétien. Les prêtres de ce mérite qui peuvent convenir pour moraliser les hommes de toutes les religions sont des capacités supérieures, et par conséquent rares; mais quand ils seraient communs, on ne peut pas espérer de faire disparaître totalement l'ivrognerie, l'immoralité et l'inconduite, qui sont les causes les plus efficaces de la misère, par ce seul moyen, qui manque au moins dans les quatre-vingt dix neuf centièmes des lieux où l'on en aurait besoin; il faut donc y adjoindre des dispositions civiles.

Nous avons une foule de décrets et d'arrêtés contre la mendicité, qu'on ne connaît pas ou qu'on n'exécute pas, qui permettent d'emprisonner les mendiants valides; les dépôts de mendicité ont pour objet cette spécialité; mais la pauvreté et la mendicité ont des caractères bien divers et des causes bien différentes, qu'il faut établir pour pouvoir les juger avec équité.

Nous croyons, d'après les principes de nos premières assemblées législatives, que les pauvres sont à l'entretien des communes qu'ils habitent, qu'en conséquence on doit renvoyer à leur domicile acquis ou à leur lieu de naissance, tous les pauvres qui n'ont point de moyens de se procurer les choses nécessaires à la vie: et les communes doivent pourvoir à ce qu'aucun de ses membres ne meure de faim: la surveillance de la mendicité, sa répression, la nourriture de l'indigent, sont des charges naturelles et obligatoires pour toutes les communes; de là naissent des principes. L'homme valide qui mendie est réduit à la misère soit par le défaut de travail soit par la paresse ou par la débauche; si c'est par défaut de travail il faut lui en procurer; si c'est par paresse ou débauche, il se trouve sur le chemin qui conduit à tous les crimes; car, là où la mendicité est un métier, le vol devient une profession, un état industriel; c'est lui rendre service, c'est obliger l'ordre social que d'arrêter et de condamner cet homme à être séquestré au dépôt de mendicité : il faut, pour cela, une sentence; car l'homme ne peut être privé de la liberté par le caprice d'un agent de police. Il faut donner au juge de paix le droit de prononcer cette séquestration, ensuite d'un compte rendu par la police de la conduite de l'individu depuis au moins une année; cette condamnation, sans temps précis de la durée, devra toujours durer quinze jours, après les quinze jours révolus, à la demande de l'individu, appuyée de l'avis favorable du comité de surveillance attaché au dépôt de mendicité, et portant qu'il se livrera au travail, qu'il tiendra à l'avenir une conduite régulière; sa délivrance sera prononcée par le juge de paix après avoir entendu l'agent de la police qui aura requis la séquestration. Si ce certificat ne peut être obtenu, la détention sera continué jusqu'à ce que le comité jugera convenable d'en provoquer la révocation.

Les dépôts de mendicité sont des lieux de correction où les individus, nourris au pain et à l'eau, doivent être contraints à un travail proportionné à leur force; il faut que celui qui y est renfermé soit moralisé, et qu'on lui fasse naître le désir d'en sortir avec la résolution d'éviter à l'avenir d'y être de nouveau réintégré. La récidive entraînerait le double de la détention légale; c'est à dire un mois.

Il y a des administrations qui me paraissent ne point comprendre le but des dépôts de mendicité, et qui y renferment des vieillards, des infirmes et des pauvres invalides, auxquels on n'a point ou peu de reproches à faire, et qui traitent tous les séquestrés de la même manière, ce qui fait qu'on sollicite l'entrée au dépôt comme on pourrait le faire pour un hôpital. Si les hôpitaux ne sont point assez nombreux ou assez spacieux pour recevoir tous les pauvres invalides, et qu'on soit obligé d'en envoyer au dépôt de mendicité, il faut alors pouvoir modifier le régime de l'établissement, suivant le mérite de ceux qui s'y trouvent, et ne point oublier que la charité doit être

BIBLIOTHÈQUE NATIONALE R.F.

entière pour ceux que les malheurs seuls, sans inconduite, ont réduit à la misère.

S'il est un principe qui doive moraliser les classes pauvres, c'est celui de ne rien leur donner sans les faire travailler rien pour rien, dut-on leur faire exécuter les plus inutiles travaux; autrement, ce serait encourager la fainéantise et donner naissance à tous les vices; ce qu'on peut leur donner ne doit être considéré que comme une augmentation à leur salaire journalier, supposé insuffisant pour se procurer les choses indispensables à leur famille. On doit une protection bien apparente et efficace à tous ceux dont la conduite est irréprochable.

Il faut que la police exerce une surveillance continuelle sur les pauvres et sur les ouvriers; qu'elle connaisse ceux qui, les lundis ou les dimanches, consomment en débauche tout ce qu'ils ont gagné pendant la semaine, et laissent femmes et enfants dans le besoin; qu'elle connaisse les cabaretiers complices de ces débauchés. Si la loi ne punit pas le père qui abandonne ou ne nourrit pas ses enfants et sa femme, d'un autre côté la charité ne doit rien à cet homme, quand il se trouvé dans le besoin, parce que lui-même a manqué de charité envers sa femme et ses enfants. La loi doit être sévère à son égard, parce qu'il n'a pas suivi les préceptes de la loi, qui met la famille sous la protection du père; il faut donc que les communes qui ont la charge de leurs pauvres aient le droit de régler équitablement la répartition de leurs bienfaits, puissent venir au secours de ces femmes et de ces enfants, leur donner leur nourriture dans un lieu public, où ils seront tenus de la consommer sans que le mari ou le père coupable y puisse prendre part; il faut que le cabaretier, qui a profité de la débauche, puisse être surimposé dans sa patente sur la preuve que deux fois cet homme s'est grisé dans le même cabaret; il faut qu'on puisse prescrire au maître de ne pouvoir payer une partie du salaire de ces débauchés qu'à leurs femmes, afin que celles-ci puisse pourvoir à ses besoins et à ceux de ses enfants. Quant au débauché, s'il mendie, il sera envoyé au dépôt de mendicité. Si la débauche est occasionnée par une concubine, sur la plainte de la femme légitime, la concubine sera poursuivie en police, ou correctionnellement comme fille publique; et, suivant les circonstances, on lui appliquera les peines indiquées par les lois sur les mœurs.

Ce qui nuit beaucoup à l'amélioration morale des classes pauvres, ce sont les nombreuses aumônes secrètes et mal placées. Il y a des sociétés charitables de toutes espèces : les curés distribuent aussi des aumônes ; et des caffards adroits reçoivent de toutes mains, sont des rentiers vivant assez bien dans l'aisance au détriment des véritables pauvres méritants ; il faut donc contraindre, autant qu'il est possible, les individus ou les sociétés charitables à faire connaître au Bureau de Bienfaisance la liste des individus qu'ils secourent. Il faut leur faire comprendre que les aumônes mal distribuées sont des vols faits aux pauvres.

Tout cela ne peut être réglé par les lois ; il faut seulement que celles-ci accordent aux conseils municipaux et aux Bureaux de de Bienfaisance, une autorité de surveillance sur les pauvres de leur commune, et qu'elles leur permettent, avec certaine latitude, de récompenser ou de punir la conduite des classes pauvres. Il serait bien de joindre au Bureau de Bienfaisance un certain nombre d'ouvriers reconnus honnêtes, et de pauvres malheureux, mais d'une bonne conduite, qui seraient les pairs de ceux dont on doit juger le mérite. Il faut honorer l'homme honnête dans toutes les positions possibles, si l'on veut améliorer la société.

CHAPITRE XVI.

ORGANISATION DU TRAVAIL.

Pour combattre le paupérisme, beaucoup de philanthropes pensent qu'il faudrait organiser le travail, que l'esprit d'association peut seul entreprendre de grandes choses. Sur ces projets, on fait preuve de plus ou moins de sensibilité pour les classes souffrantes. La difficulté de ces questions n'est pas de faire de l'éloquence, mais d'indiquer les moyens pratiques ; c'est lors qu'on cherche à rédiger les traités d'exécution, que les difficultés se présentent en foule.

Nous avons fait des protocoles pour une association entre un manufacturier et des ouvriers, nous avons estimé l'intelligence des ouvriers en masse égale à la valeur du capital représentant la fabrique. Sur le produit on prélève le salaire modéré des ouvriers d'un côté ; de l'autre, les intérêts du capital représentant la fabrique, plus un dixième de la valeur de la fabrique pour entretien des bâtiments, des machines, leur remplacement, réparation ou amélioration. Même somme a été prélevée en faveur des ouvriers et mise en réserve pour venir à leur secours aux temps malheureux, pour cas de maladies ou d'accidents. Après ces prélèvements, arrivent seulement les bénéfices réels partageables par moitié entre le manufacturier et les ouvriers. Malheureusement ces derniers ne sont point, en général, en état d'apprécier l'importance des spéculations, les sacrifices qu'exige la concurrence, enfin, ce qui fait la science commerciale : avec tout le savoir désirable et la plus grande sagesse, une manufacture peut travailler en perte, arriver à faillir ou au moins à l'obligation de cesser de travailler : alors que deviendra l'ouvrier, quelle sera sa position envers les créanciers ? Peut-on faire une association où les chances ne soient point égales, peut-on considérer les ouvriers comme des commanditaires qui ne peuvent perdre que leur mise de fond ? Leur mise de fond est le travail, ils ne peuvent le perdre ; d'ailleurs il a été payé, ils ne peuvent perdre que leur réserve non employée ; mais quel est alors le manufacturier qui puisse consentir à donner une partie de ses bénéfices sans compensation dans les pertes ? Ces associations sont donc impossibles sur cette base ; peut-être y a-t-il d'autres moyens de les rendre possibles ; nous les avons cherchés sans les trouver : les générosités capricieuses d'un manufacturier en bénéfice, ne sont pas des règles qui forment une association.

Nous, nous avons fait aussi un protocole pour une association d'ouvriers cordonniers ; celle-ci a plus de chances de succès : il faut un comptable, un coupeur, une boutique, un atelier ; tous les travaux sont appréciés à l'heure ; une paire de bottes, un ressemelage et tous les autres travaux valent à l'ouvrier tant d'heures, qu'il ait employé plus ou moins de temps à confectionner les objets ; l'heure doit être payée 25 centimes aux hommes, 20 aux femmes qui font les bordures et les autres travaux ; il y a un conseil pour l'achat des matières premières, pour fixer les prix des ventes, on prend 30 centimes pour l'heure d'après le nombre de celles qui sont indiquées pour la confection, plus 6 p. °/₀ sur le prix des matières premières ; il doit donc y avoir bénéfice, surtout si l'on peut vendre au-dessus des bases ci-dessus indiquées. Les comptes des ouvriers se règlent d'après le nombre des heures indiquées à leur compte ouvert, et les bénéfices se partagent en proportion de la masse des heures qui se trouvent au compte de chacun ; mais sur chaque compte il est fait une retenue d'un dixième ; les retenues forment un fond de secours dont l'emploi est déterminé par un conseil. La société doit durer neuf ans, chaque membre peut se retirer quand il veut, le conseil peut également le rejeter de la société pour des causes prévues ; dans ces deux cas, il perd sa part dans les fonds de réserves. Le conseil veille sur la conduite des associés, c'est lui qui juge de la capacité et de l'opportunité de recevoir de nouveaux associés : on n'a pas l'idée du nombre d'articles qu'exige un semblable traité.

Eh bien, ces associations remplaceraient les jurandes et les jurés qui ont été avec raison abolis, et feraient beaucoup de tort aux ouvriers non associés et nous ne pouvons voir en quoi cette organisation du travail pourrait détruire le paupérisme; car l'organisation du travail ne fait pas naître les besoins, qui seuls commandent le travail; cette organisation, comme on l'entend, serait encore une centralisation; tandis qu'il faut diviser, favoriser l'emploi des bras au détriment des machines.

Ce qu'il faut pour venir au secours des ouvriers, c'est de multiplier les consommateurs, c'est d'augmenter les besoins, ou les caprices des gens riches : travailler sans vendre les produits c'est travailler à sa ruine; c'est donc moins l'organisation du travail qui sera favorable aux ouvriers, que l'organisation des gens riches, en apprenant à ceux-ci, qu'ils sont dans l'obligation de dépenser leurs revenus en travaux de toute nature, dussent-ils mettre le feu à leurs maisons ou se chauffer de leurs meubles.

Le mot association est encore un de ceux dont on abuse le plus maintenant, et auquel on donne une signification que repousse la nature même des associations; on demande ce droit sans limite; mais ce droit est accordé par nos lois pour tout but licite. Il faut toujours dans l'intérêt de la tranquillité publique, que le but, que les conditions d'une association soient connues, afin de tolérer, de surveiller ou d'interdire son action. Certes le gouvernement ne pouvait permettre l'association établie sous le nom des Droits de l'Homme, puisqu'elle avait pour objet le renversement du gouvernement même; il ne pourrait non plus permettre celle qui aurait pour motif de faire parvenir au trône de France, Henri dit Cinq, ni toutes sociétés secrètes, qui par le fait du secret sont naturellement suspectes, ou celles qui subsistent avec des statuts publics destinés à cacher un but et des obligations secrètes. Le salut de l'état impose le devoir de réprimer ces prétendues associations, qui sont des conspirations, des complots, que l'on couvre d'un mot qui ne leur est nullement applicable.

Qu'est-ce qu'une association, ou une société? c'est la réunion de plusieurs personnes qui mettent en commun des mises de fonds, ou leurs industries, ou leurs travaux, pour arriver à un but légal, licite, honnête, non réprouvé par les lois, et partager le résultat du concours de ces divers moyens réunis. Il est du caractère du contrat de société de laisser aux associés la liberté de dissoudre leur société, et dans la société sans terme de pouvoir se retirer quand on veut.

Tous les buts ou projets qui ne sont pas spécialement défendus par les lois, qui ne sont ni des complots ni des conspirations contre l'état, peuvent-ils être permis? peut-on mettre toutes choses en société, comme sa liberté ou ses mœurs? sans doute non : la loi ne défend à personne d'émigser, de se faire naturaliser chez l'étranger, de même elle ne défend pas de se faire jésuite, dominicain ou capucin, de s'habiller de telle ou telle manière ; mais si, pour pouvoir se parer de ces habillements religieux si remarquables, vous avez renoncé au monde, à votre famille, si vous avez fait des serments qui vous délient des liens de la société, pour vous faire soldat du Christ, si vous avez un supérieur souvent étranger, auquel vous avez promis une obéissance prédominante sur tous les autres devoirs sociaux, alors vous n'êtes plus citoyen français, vous êtes devenu étranger, vous ne pouvez plus demander le bénéfice des lois, qui n'est dû qu'aux citoyens soumis à toutes les charges de l'état et de la famille; dans votre nouvel état, vous n'êtes pas membre d'une société civile, mais d'un ordre ou d'un régiment composé de clercs ou de prêtres. Si dans ces communautés religieuses on élit le supérieur à temps, sans le choisir hors de France, alors elles forment un état dans l'état, parce que dans ces communautés les obligations civiles de chacun de leurs membres sont réglées d'une manière différente que ne le fait la loi des Français, qui n'interdit pas le mariage, accorde des droits, impose des devoirs, tandis que ces communautés refusent les droits et les devoirs.

Nous ne connaissons que l'ordonnance du 25 septembre 1816, qui autorise les missionnaires ; et dans cette ordonnance il est bien dit qu'ils ne feront ni vœux ni promesses, qu'ils conserveront leur liberté et seront sous l'ordinaire des évêques : ces espèces de missionnaires se sont évaporés en 1830. La loi du 24 mai 1825, sur les congrégations de femmes, exige impérieusement qu'elles soient soumises à la juridiction de l'ordinaire, et ne donne pas à ces établissements le caractère de perpétuité. Nous ne pouvons concevoir comment il se fait que, sous la révolution de 1830, les couvents d'hommes et de femmes se soient multipliés à l'infini ; on en trouve maintenant de toutes les couleurs. Les jésuites, qui, sous le nom de pères de la foi, subsistaient avant cette révolution, ont été congédiés par ordre de la police, comme défendus par les arrêts de parlements ; ils reparaissent maintenant, dit-on, sous le nom de

Trinitaires : nous avons des capucins, des augustins, des bénédictins, des frères de Saint-Joseph, de Saint-Yon, etc.

Nous présenter un capucin comme un citoyen français ? et pourquoi pas ? dit-on. Allons donc, ce n'est qu'un mendiant qui se croit privilégié sur les pauvres pères de famille, ce n'est qu'un paresseux, qui enlève à l'ouvrier malheureux le pain qui lui était destiné. Et pourquoi donc donner plus d'autorité aux anciens arrêts de parlements, qu'aux décrets de l'assemblée nationale sanctionnés par le roi, les 19 février et le 26 mars 1790, qui ne reconnaissent aucun vœu et suppriment les couvents ? Leur existence est donc illégale en France, on ne peut trop se hâter de le dire, cette violation des lois est fort blâmable et fort préjudiciable à la société. Ces communautés sont des chancres sociaux, composés pour la plupart de gens sans fortune, qui par des moyens de captation cachés, sont parvenus à se créer une existence : ce sont des marchands de prières et d'amulettes, qui assurent aux acheteurs les faveurs célestes, qui promettent de porter les noms de leurs bienfaiteurs à la dernière postérité, leur établissement devant durer jusqu'au jugement dernier. Mais toutes ces marchandises nous sont fournies de fort bonne qualité par nos prêtres de paroisse, à meilleur marché, et avec moins de captation.

Le droit d'association, de liberté, réclamé par le parti ultramontain, ne peut donc produire ce qu'ils en attendent, la faculté de pouvoir, sous le titre d'association, former des couvents sous diverses règles, de manière à contenter les différents goûts des dévots, parce que ceux qui composent ces communautés ont renoncé au droit, ne sont plus Français, sont sous l'obéissance absolue d'autorités qui n'ont aucun caractère légal. La liberté peut bien tolérer l'existence de quelques unes de ces communautés sous la surveillance active de la police ; mais la loi ne pourra jamais sanctionner ces établissements. Ce ne serait pas une concession de liberté, mais une concession de privilége, qui reconnaîtrait en France des existences favorisées, sous une puissance autre que la loi commune : c'est impossible à obtenir. Les personnes qui veulent se retirer du monde pour faire en commun leur salut, peuvent vivre ensemble en société, comme l'a déclaré l'assemblée nationale ; mais entre ces établissements privés qui ne sont que des pensions en participation et non des maisons de commerce, qui n'exercent aucune influence au dehors, pour sucer ou s'approprier le bien d'autrui, entre ces asyles et les couvents, il y a la distance des mondes.

Ainsi le R. P. Lacordaire, dans les libéraux et remarquables sermons qu'il a prononcés à Nancy, s'est étrangement trompé quand il se disait français: il a perdu ce noble titre, quand il a prêté le serment d'obéissance prépondérante à son général italien, et il ne peut pas plus maintenant occuper en France une fonction publique, celle de curé ou de vicaire, que ne pourrait un capitaine prussien être en France nommé adjudant : la loi française ne reconnaît pas la perpétuité des vœux. L'habit que porte le R. P. fait preuve qu'il s'est mis au-dessus de la loi, et il ne pourrait, sans être traitre à son serment, venir nous dire que ce serment est nul pour lui en France, il mentirait contre sa conscience, s'il disait que, fidèle à son serment il jouit de toutes les libertés dont jouissent les Français.

Les ultramontains se disent des philantropes catholiques universels; l'univers est leur patrie, et pour communiquer leur félicité aux hommes qui, par leur foi, ne jouissent pas de leur bonheur délectable, ils quêtent dans toute la France des sous qui produisent plusieurs millions de francs par année, pour l'établissement des missionnaires, convertisseurs des incrédules, vrais flambeaux de la foi; mais les missionnaires troublent la tranquillité, partout où ils vont ce sont des régiments d'artillerie qui tirent continuellement contre les croyances contraires aux leurs. Peut-on rien concevoir de plus contraire à la liberté des cultes? Ils doivent aussi, ces missionnaires, civiliser et convertir les sauvages. Les ultramontains poussent encore l'exaltation philantropique jusqu'à quêter en faveur des enfants chinois, que des infirmités de naissance feraient rejeter des vivants. Charlatanisme philantropique absurde, qui aurait pour but de créer près de ces intelligences réellement estropiées; des régiments ou congrégations de chinois catholiques, de bossus, tordus, bancals ou aveugles, ridicule cortége et bien digne d'un rêve de domination conçu par des gens éveillés. Quelle sollicitude pour les Iroquois, les Patagons, les Magots de la Chine et autres personnages de même nature, lorsque le paupérisme en France est de treize pour cent, lorsqu'en Europe, il existe encore des millions de serfs, sous la domination du magnanime Nicolas, du bénin Metternich, et même sous les bénédictions directes du Saint-Père?

L'intérêt public, l'intérêt social, la bonne foi commandent que tout quêteur soit surveillé par la police, qui doit garantir les particuliers de la surprise des fripons, et qui doit s'assurer, vérifier si l'objet de la quête est licite, si son emploi a eu lieu conformément au but indiqué.

Nous avons prouvé que le parti prêtre ultramontain jouit de franchises illégales et qu'on doit les lui retirer, que dans la légalité il a toute la liberté qu'il peut obtenir, que sous prétexte d'association on ne peut lui concéder des priviléges qui seraient contraires au droit et à l'équité.

CHAPITRE XVI.

CONSIDÉRATIONS GÉNÉRALES.

Il n'en est pas de l'économie politique et des sciences spéculatives, comme des sciences exactes; en mathématique, les vérités ou principes peuvent être poussés aussi loin qu'on veut ou qu'on peut, et les résultats seront toujours vrais, tandis que les meilleurs principes de l'économie politique poussés jusqu'à l'excès produisent des absurdités, ce qui ne démontre nullement que ces principes soient mauvais, mais seulement qu'on en fait une fausse application.

Les principes de l'économie politique sont des remèdes propres à guérir certains maux qui peuvent frapper une nation; leur application doit être calculée d'après le tempérament du malade : de même que le médecin par un grain d'opium peut ramener la santé et par cent grains donner la mort à l'individu le mieux portant, de même une nation peut éprouver une amélioration notoire par une restriction dans l'emploi des machines ou dans le système de ses douanes, tandis que la prohibition des machines ou l'abolition des douanes peut lui porter le plus grand préjudice. Ainsi, il n'est pas suffisant de connaître la bonté, la justesse d'un principe d'économie politique, il faut encore savoir jusqu'à quel point on peut l'appliquer et lui donner du développement dans la législation. Nous croyons les principes que nous avons donnés incontestables dans leur bonté, nous pensons que leur application peut être d'une grande utilité pour la France; ce sont des remèdes dont la dose doit varier suivant les circonstances : aussi ne prétendons-nous pas avoir fixé d'une manière certaine l'application que nous en avons faite, ce sont seulement des exemples que nous avons donnés :

au législateur seul appartient le droit de fixer la dose des remèdes que nous avons indiqués.

Beaucoup d'économistes donnent les balances commerciales entre les nations, les valeurs comparatives des monnaies des divers pays, la valeur des exportations et des importations, et disent que la nation s'enrichit de l'excédant de la valeur des exportations sur les importations. Mais cette manière de raisonner n'est point exacte, la nation profite très-peu de ce bénéfice, mais bien les commerçants qui ne sont point la nation ; et il peut se faire que la nation y perde beaucoup, si les objets exportés sont des objets de première nécessités dont l'exportation aura augmenté le prix. L'argent pour la plupart des économistes est le bien suprême, on doit faire tout pour l'acquérir; mais l'argent n'est pas la véritable richesse, et l'abondance extraordinaire de nouvelles mines exploitées tend continuellement à en diminuer la valeur. Les économistes semblent faire le vœu de ce prince, qui avait demandé aux dieux de changer tout ce qu'il toucherait en or, et qui dut mourir de faim. La fortune nationale ne consiste donc pas dans la grande quantité de métaux, que quelques particuliers plus ou moins nombreux peuvent posséder, mais bien dans la masse des choses indispensables à la vie, comme la nourriture et le logement ; et, là où tous et chacun peuvent se procurer les objets de première nécessité, sans recourir à la charité, là où il n'y a pas de paupérisme, la nation est riche. Sous ce rapport, certains cantons de la Suisse, du Tyrol ou de la Hongrie, où le capital monétaire en circulation ne représente peut être pas de trois à quatre cents francs, où il n'y a ni paupérisme ni banquiers, où tous peuvent facilement se nourrir, se vêtir et se loger, ces contrées ont une richesse nationale plus réelle, plus effective que ces cités magnifiques de la Belgique ou de l'Angleterre où l'on compte l'argent par millions et les pauvres par milliers. Nos principes d'économie ont pour but de donner l'aisance à la nation en améliorant la condition du peuple, et nullement de former des millionnaires ; nous désirons diviser la fortune de manière qu'une portion de bien-être puisse atteindre le dernier individu dans l'ordre social.

J'ai vu des gens fort scandalisés de mes idées, comme devant porter préjudice aux gens riches, dont ils supposaient que je faisais partie. Je suis seulement au-dessus du besoin ; mais, quand même je serais riche, je crois que dans l'intérêt bien entendu des riches, il faut qu'ils sachent faire des sacrifices, s'ils veulent conserver leur position, qui peut d'un jour à l'autre être menacée, culbutée par les secousses sociales que la misère éclairée par le talent peut faire naître : il vaut mieux qu'ils laissent tirer sur leurs pigeons que sur leurs personnes.

Sans doute je ne trouverai personne qui adopte la totalité des pensées exprimées dans le présent écrit; mais je crois à l'indulgence de mes lecteurs qui, adoptant une portion et rejetant le surplus, devront me rendre la justice de croire que j'étais mu par de bonnes intentions, par les meilleures de toutes, celles d'améliorer l'ordre social en France : le moindre pas qu'on puisse faire avec succès vers ce but, est une véritable gloire.

NOTES.

Note 1. — Page 7.

A l'époque de 1790 où M. Pastoret a fait paraître son ouvrage, nous n'avions point encore de code pénal, ayant la prétention de proportionner les peines aux délits; depuis, deux codes ont été promulgués; et certes, les observations de M. Pastoret, sur la proportion des peines aux délits, ont encore leur à-propos: nos législateurs, sans doute pour n'avoir pas l'air de faire une œuvre philosophique, plutôt qu'un livre de droit, ont pris pour base deux principes faux du droit romain qui supposent que sans receleur il n'y a point de voleur, que les complices sont les agents directs du crime; mais d'après ces absurdes principes le volé pourrait encore être considéré comme complice; car s'il eut mieux soigné ses objets il n'eut pas été volé, il est la cause première du délit. Voyez *dig. livre 47*. On n'a fait nul cas ou l'on paraît n'avoir connu ni les ouvrages de Bentham, ni ceux de Pastoret. Celui-ci cite des faits fort curieux parmi les peines égales pour des délits fort différents; ainsi les vols de vases sacrés sont réprimés par le feu, l'assassinat par la roue, l'hérétique et celui qui lui donne asile sont pendus; ord. du 29 janv. 1534, la fornication avec une juive, punie comme bestialité. M. Pastoret assure que les lois françaises sont de toutes celles qu'il connait, les lois qui établissent le moins une proportion convenable entre la peine et le délit; ce qu'il écrivait en 1790 est encore aujourd'hui vrai pour beaucoup de délits; ce que nous avons gagné depuis, c'est la publicité de la procédure, le jury, la défense de l'accusé et l'égalité des peines nonobstant l'inégalité des conditions. Depuis la loi salique et les capitulaires, jusqu'à la constitution de 1791, les peines étaient de nature différente suivant les conditions, quoique le crime fut le même. Ainsi un domestique, qui avait un commerce criminel avec sa maîtresse, était pendu et la maîtresse pardonnée; sans doute nous avons beaucoup acquis, immensément même, si on le veut depuis l'écrit de M. Pastoret; ce n'est pas là qu'est la question, elle est à savoir si aujourd'hui les peines sont proportionnées au délit, et nous disons non.

Note 2. — Page 10.

La troisième loi de la table 9, de la loi des 12 tables, dit que tout juge qui se laisse corrompre sera puni du dernier supplice.

Note 3. — Page 16.

C'est à Marigny qu'on doit l'établissement de Montfaucon, il fut le premier qui y fut pendu; le chancelier Poyet, auteur de l'ordonnance Guillemine de 1539, qui ordonnait de fournir sur le champ des récusations contre les témoins, étant accusé, fut lui-même condamné, n'ayant pu fournir à temps les récusations.

Lord Russel, qui voulait enlever au roi le droit de faire grâce, fut fort heureux que la clémence royale enlevât à la juste condamnation dont il fut frappé, ce que cette condamnation avait d'ignominieux.

On trouve dans l'histoire beaucoup de faits semblables, mais ce sont les seuls que me fournisse maintenant ma mémoire.

Note 4. — Page 16.

Les nobles pairs paraissent penser que leur pouvoir n'a point de borne et qu'ils sont au-dessus des lois. Ainsi ils ont créé, pour une circonstance, une addition à nos lois et l'ont appliquée de suite. Ils ont inventé ou adopté la complicité morale pour punir un individu dont les pensées pouvaient être mauvaises, pouvaient leur déplaire, mais qui sans cette création échappait à toute peine; n'est-ce pas usurper une des prérogatives les plus précieuses de la couronne que de condamner à des peines *moins fortes* que celles qui sont indiquées par les lois pour les crimes dénoncés à la justice? Si ce n'est pas user du droit de faire grâce, c'est au moins user de celui de commuer les peines. La politique n'est pas du ressort des tribunaux mais bien la justice éclairée par les lois; où a-t-on trouvé dans nos lois la peine d'une prison perpétuelle? la légalité d'une séquestration homicide où l'individu meurt en détail, comme les condamnés de l'inquisition au petit feu? Les révoltés politiques, ayant les armes à la main, commettent le plus grand crime qu'il soit possible d'imaginer contre l'ordre social, il n'y a pas d'*insurgés* qui manquent assez de bon sens pour ne pas savoir qu'ils courent à la victoire ou à l'échafaud; leur condamnation a donc leur approbation même; seulement comme le crime n'est pas empreint de la honte qui couvre un voleur ou un assassin vulgaire, on peut les dispenser de l'échafaud et les faire périr par les armes, comme ils voulaient faire périr leurs adversaires. Dans ces fâcheuses circonstances, il n'appartient qu'au gouvernement de juger de l'opportunité de la clémence envers ceux qui ont été égarés, trompés ou séduits. Le pardon peut être un baume consolateur qui rappelle à la vertu et au civisme des victimes d'une ambition déçue. Cette prérogative est un des plus beaux fleurons de la puissance, qui sert à amortir la trop grande sévérité des lois. Plusieurs publicistes ont contesté l'utilité de cette prérogative, y ont trouvé des dangers qui, nous le croyons, ne peuvent subsister dans un gouvernement constitutionnel ; mais jamais aucun publiciste n'a accordé dans aucun gouvernement régulier à aucun tribunal, le droit de rendre des arrêts arbitraires, d'empirer inhumainement les peines indiquées par la loi ou de les amoindrir ; un corps délibérant sans être attenu à se conformer aux lois et ayant le pouvoir d'évocation, est une monstruosité, et dans quelque gouvernement que ce soit, c'est la puissance légale de pouvoir tout bouleverser. Si le poids des années qui frappent la plupart des membres de cette chambre est une garantie pour Sa Majesté et ses ministres, que jamais cette chambre ainsi composée n'entreprendra rien de contraire au gouvernement, qu'elle restera toujours par la nature même de sa composition le corps le plus anti-révolutionnaire possible, et qu'elle fera toujours mauvais accueil aux innovations comme un vieillard troublé dans son sommeil ; cette sécurité ne saurait être partagée par les citoyens et même par la chambre des députés, et il nous paraît fort instant de régler la puissance de la chambre des pairs par une loi, comme il est non moins urgent de fixer la responsabilité des ministres. Sur ces deux points on n'est pas étonné que le gouvernement ne soit point pressé ; mais on doit être fort surpris que la chambre des députés n'ait pas pris l'initiative en proposant elle même des projets ayant pour but de régler ces deux points de notre droit français.

Note 5. — Page 20.

Le parti prêtre, les légitimistes, les rétrogrades, racontent d'une manière remarquable le temps de la terreur ; leur poésie ne peut trop ensanglanter, trop couvrir d'opprobre et de crimes cette époque héroïque des fastes de nos révolutions. Le prétendu athéisme d'alors était-il donc plus sacrilége que le catholicisme qui fit les dragonades, et pendre le père, bon catholique, qui avait donné asile à son fils protestant? Le gouvernement de ce temps avait pour but d'intimider les ennemis de l'intérieur : des victimes innocentes succombèrent ; mais il s'en faut de beaucoup qu'il ait anéanti ses ennemis qui, plus tard, se sont présentés comme triomphateurs ; le parti légitimiste subsiste encore. La partialité et la haine avec lesquelles on juge ces événements, proviennent de ce que c'était le bas de la société qui terrifiait le haut ; or, ce haut de la société a toujours prétendu qu'à lui seul appartient ce droit de terrorifier, intimider, mitrailler, décimer, brûler le bas de la société, qu'il daigne appeler canaille. Quelques milliers de citoyens sacrifiés à sa domination ne valent pas la peine de fixer les yeux de l'histoire ; c'est peccadille. Mais si une goutte de sang est tirée à un haut seigneur ou à un prélat, c'est bien différent, c'est un malheur d'ordre public. Ces Messieurs pourraient-ils nous dire combien il faut d'hectolitres de sang de vilains ou du peuple pour égaler à leurs yeux ou pour balancer une goutte du sang très noble d'un gentilhomme ou d'un prélat? Le tribunal révolutionnaire, malgré ses sanglants jugements, était un tribunal bénin, comparativement à celui de l'inquisition. Robespierre, quelque cruel qu'il fût, était un homme de bien, comparé à l'infernal cardinal Torquemada (Turrecremata en espagnol), ou aux scélérats assassins Trufemi et Trestaillon qui, sous la restauration de Lous XVIII, célébrèrent par de nombreux crimes qui restèrent impunis, le rétablissement du trône et de l'autel. C'est le fait du parti prêtre, de couvrir par des discours d'une mansuétude angélique, les faits les plus atroces qu'il ne peut nier, et d'amplifier les crimes de ses adversaires. Comment s'est conduit le peuple qu'on dédaigne, lors de la révolution de 1830? A-t-il volé? Après la victoire, a-t-il molesté qui que ce soit? Les victoires du parti aristocratique ne sont-elles pas toujours suivies de proscriptions, de vengeances, de confiscations, de supplices? Du moius nous ne connaissons aucune victoire attribuée à ce parti, qui n'ait eu ce résultat.

Qu'on ne pense pas, d'après ce qui précède, que je veuille faire l'apologie de Robespierre ou de Marat : si la convention, pour sa conservation et celle de la France, eut raison d'épouvanter et de suspecter des catégories de citoyens, Robespierre, Marat et leurs acolytes ont fait trembler la convention même; on peut dire qu'ils ont terrorifié les terroristes: jamais tyrannie ne fut plus implacable que la leur; ils ont fait périr plus d'amants de la liberté et de défenseurs de la république, dans la convention même, qu'ils n'ont fait périr de royalistes. Mais ce qui est vrai d'eux, c'est qu'ils agissaient au grand jour, sans masques, sans que la cupidité ou la corruption ait eu accès près de leurs âmes féroces. Les autres moments du républicanisme de la France ont été souillés par les menées sourdes, les conspirations, les corruptions, les embûches du parti royaliste et du parti prêtre, qui déclaraient la France hérétique, régicide, en état permanent de révolte contre Dieu et le Roi. Ces deux partis ont exploité avec succès la haine généralement attachée à la mémoire de Robespierre et de Marat, qu'ils ont représentés comme le produit inévitable de toute république. Si le malheur des temps, si l'incorrigibilité de nos hommes d'état faisaient naître parmi nous la république, le parti royaliste serait sans puissance pour la combattre. La légitimité n'est plus qu'une ombre; nos ministériels, quoique fort nombreux, deviendraient républicains; et, suivant leur ancien usage, ils tourneraient comme le vent. Si l'on doit voir renaître des successeurs à Robespierre ou à Marat, ils sortiront sans doute du milieu de ces rédacteurs de feuilles servilement ministérielles, qui insultent et charivarisent leurs adversaires, quand ils ne peuvent leur répondre.

Note 6. — Page 26.

Lorsqu'il fut décidé que notre ville aurait sur son territoire des chemins de fer et des canaux, les savants en pierrailles s'évertuèrent à prouver que c'était un grand bienfait, un bonheur remarquable pour la ville qui, par ce fait, était appelée à doubler, tripler sa population et son commerce. Dans ce doux et heureux espoir, on s'est empressé de bâtir. Ceux qui se sont laissés aller à ces illusions, en bâtissant, se sont ruinés. Cette spéculation pour eux est semblable à celle de l'échange d'une pièce de cinq francs contre trois francs. Maintenant le nombre des loyers vacants est très-considérable, et devra encore s'augmenter de jour en jour. Les personnes d'une fortune médiocre quittent la ville, chassées par le haut prix des octrois et par une police essentiellement répressive.

Mais, dit-on, l'intérêt général de la France exigerait que le canal fût prolongé jusqu'au Rhin. Supposons cela vrai, quoique fort contestable, surtout à raison du chemin de fer qui le longe, nous ferons observer que la chambre des députés, qui représente légalement la France, avait décidé que le canal n'irait pas au-delà de Nancy. Il est fort singulier que cette détermination qui nous était favorable, ait été attaquée par des personnes que leur position même indiquait comme devant défendre les intérêts de notre pays. Croyaient-ils avoir trouvé dans leur mandat l'autorisation de déclarer, au nom de leurs commettants, que ceux-ci refusaient les avantages que voulait leur faire la représentation nationale, et sacrifiaient sur l'autel de la patrie leurs propres intérêts en faveur de la nation? Certes, ils ne pouvaient avoir cette pensée, qui n'est chez eux qu'une opinion personnelle; ils devaient s'abstenir, et surtout ne point agir au nom de leurs commettants, qui avaient des intérêts contraires; ils devaient laisser venir cette demande d'un autre point de la France. Si telle était leur opinion, on n'aurait point exigé qu'ils la combattissent par respect pour leur conscience: voilà ce qu'on se devait respectivement. Mais ces Messieurs ont pensé, comme ce philosophe de la Grèce, qui laissait mourir de faim son père pour secourir les pauvres de Crotone, en disant: on doit sacrifier sa patrie au bien de l'humanité, sa province au bien de la nation, sa ville au bien de la province. Charlatanisme vide de sens commun: on aime d'abord sa nourrice, puis son père, son clocher, enfin sa patrie. Le patriote est bon fils, bon compatriote; on n'aime la patrie que quand elle nous protége, on est porté à lui faire des sacrifices, quand ils sont compensés par des bienfaits, etc., etc. Sacrifier sans nécessité ses compatriotes au prétendu bien de la patrie, c'est fouler aux pieds ses frères et ses amis pour s'élever; c'est couvrir d'un manteau son égoïsme et ses intérêts particuliers. L'amour de la patrie, cette plante sacrée, ne croît que dans l'amour de la famille et de la cité! Quand on ne se sent pas protégé par la justice et par l'équité, on devient indifférent à la chose publique, pour ne s'occuper qu'à défendre ses intérêts particuliers, continuellement menacés; on fait la sourde oreille à l'appel au secours des gouvernants, parce que là où on croit qu'il manque de justice et d'équité, on ne peut rien perdre à un changement quelconque: on devient fataliste. C'est ce qui explique la tiédeur qu'apportent les citoyens à remplir leurs devoirs; beaucoup ne se rendent point aux élections. Mais qu'on ne se trompe pas, cette tiédeur n'est point un abandon absolu des devoirs qu'on néglige de remplir. En 1830, l'indolence des citoyens était peut être plus forte qu'aujourd'hui; la révolution qui éclata cette année, réveilla le civisme qui prit une énergie étonnante dans beaucoup d'autres villes que Paris. On eut beaucoup de peine à pouvoir rétablir l'ordre. Les ministres ne semblent pas sentir combien sont importantes pour l'état de bonnes administrations municipales, base première de l'édifice gouvernemental; ils délaissent ou méprisent les plaintes auxquelles elles peuvent donner lieu. Selon nous, c'est une faute grave : nous l'avons dit, le patriotisme prend naissance dans l'amour de la famille et de la cité, de même la force de l'état prend naissance dans les communes; mécontenter les communes, c'est affaiblir, c'est éteindre le patriotisme.

Si, en ce qui regarde l'opportunité de la prolongation du canal, le Conseil municipal était compétent pour exprimer un vœu, nous voudrions connaître comment ledit conseil peut établir sa compétence, pour justifier ses délibérations des 5 février, 8 mai 1846 et 21 janvier 1848, qui ont pour objet de demander que le chemin de fer qui doit passer à Nancy ne passe pas à Saint-Dizier; et comment il a cru pouvoir donner à ces délibérations la forme de pétition aux chambres? La loi du 15 mars 1831, déclare nulles toutes délibérations prises par un Conseil municipal, sur des objets étrangers à ses attributions; l'article 24, de la loi du 18 juillet 1837, dit : que le Conseil municipal peut exprimer son vœu sur les objets d'intérêt local : le tracé d'un chemin de fer est d'un intérêt général, et ne peut devenir un intérêt local que sur la question de savoir s'il passera ou ne passera pas sur le terrain de la commune; le surplus intéresse successivement les autres communes sur lesquelles on a le projet de le faire passer. Donner à la délibération la forme de pétition aux chambres, est une illégalité plus flagrante encore; les lois de la première révolution en créant le droit de pétition, et la constitution consulaire défendent formellement les pétitions en noms collectifs. L'interprétation du mot collectif a été fixé par le tribunat; il ne veut pas dire que plusieurs personnes ne peuvent pas se réunir pour faire une demande, qu'une pétition ne peut pas commencer par ces mots, les citoyens soussignés demandent qu'il vous plaise, etc., etc., mais il veut dire qu'on ne pourrait pas demander au nom d'une classe de citoyens, au nom d'une corporation; comme si l'on venait à parler au nom des catholiques ultramontains ou gallicans, des capucins ou des religieuses d'un tel couvent, enfin à parler pour autrui. La loi ne peut adopter la présomption que les citoyens sont mécontents, il faut une procuration spéciale pour faire disparaître cette présomption, il faut pétitionner par soi-même; ainsi une ville ne peut pétitionner, mais ses habitants le peuvent en leur nom privé. Il manque dans la langue française une expression qui puisse rendre convenablement la différence que nous venons d'établir. Le Conseil municipal de Nancy n'a pas seulement formé un vœu au-delà de sa compétence, il a délibéré, il a jugé; et c'est son jugement qu'il offre aux chambres pour modèle.

Ainsi voilà la dernière administration dans l'ordre hiérarchique, qui se sert de son autorité pour donner la leçon au gouvernement : il est bien regrettable que les Conseils municipaux de Laxou, de Tomblaine ou d'autres villages, qui ont dans leur sein des doctes non moins habiles que ceux qui se trouvent dans notre conseil, n'usent pas de leur autorité pour éclairer le gouvernement sur des lois fort importantes, comme l'impôt du sel, les ports de lettres, etc., qui intéressent tous les habitants sans exception, tandis qu'un chemin de fer est fort inutile pour beaucoup d'individus. Cette sollicitude des conseils serait fort instructive, et sans doute fort flatteuse pour les députés que nous avons chargés de s'occuper des intérêts publics, comme nous avons commis les conseillers municipaux pour s'occuper des intérêts de la commune et des habitants.

Il serait curieux de voir les habitants de St-Dizier penser que c'est à l'abus que les conseillers municipaux de Nancy ont fait de leur fonction, qu'ils doivent d'être privés de la communication directe du chemin de fer, et venir réclamer contre ledit conseil des dommages-intérêts d'un million. Mais ce qui est plus curieux encore dans cette affaire, c'est que pas deux de ces conseillers ne sont en état de juger, en connaissance de cause, de l'opportunité du tracé du chemin de fer ; ils n'ont fait que répéter ce que la compagnie ou les ingénieurs leur ont dit ; ils ont agi comme on a tiré leur ficelle ; on ne leur a pas même posé la vraie question, celle de savoir si l'excédent de dépenses qu'exigera le chemin de fer en passant par Saint-Dizier, ne sera pas compensé par l'excédent de population qu'il recueillera dans son parcours ? On ne leur a parlé que de l'excédent des dépenses d'exécution d'un tracé sur l'autre, d'une longueur moindre de 4 à 5 kilomètres, et d'une dépense de cent mille francs pour la compagnie ou les voyageurs ; et le conseil prenant à cœur la prospérité des finances de l'État, les intérêts de la compagnie et des voyageurs, a décidé que le chemin de fer ne devait pas passer par Saint-Dizier, et recommande sa décision aux chambres. C'est fort beau, c'est fort bien, de rendre des services à l'État, au public et à la compagnie ! Et, quand quatre-vingt-deux propriétaires viennent au conseil se plaindre des ordonnances du maire, ordonnances illégales, ces messieurs passent à l'ordre du jour, sans répondre à la demande de ces quatre-vingt-deux compatriotes, et semblent, comme du temps de nos bisaïeux, recommander l'obéissance au seigneur de la paroisse. Mais c'est gouverner, c'est commander, et non pas administrer, non pas juger.

En vérité, on ne saurait trop le répéter, l'intérêt public n'est ni de la compétence de l'administration municipale, ni de la compétence des tribunaux. La première ne doit agir que dans l'intérêt des administrés, les seconds ne doivent juger que dans l'intérêt de la justice et non du public ; tolérer le contraire, c'est introduire l'anarchie dans l'administration. Mais, messieurs les ministres trouvent bon tout ce qui leur plaît ou est favorable à leurs amis; quand ces administrations voteront des vœux déplaisants aux ministres, ceux-ci ne pourront, sans paraître partiaux, rappeler les conseils à la légalité.

Dans plusieurs mémoires imprimés, nous croyons avoir prouvé que Nancy est une ville exceptionnelle entre toutes les villes de France; que son administration refuse à ses administrés le bénéfice de ses anciennes lois municipales et celui des lois françaises, même de celles qui sont toutes récentes, lois rendues pour la construction des trottoirs des villes. Les règlements faits par les maires ont été exécutés comme supérieurs en autorité et en puissance aux lois anciennes, présentes et à venir (nous disons à venir, car la loi sur les trottoirs est postérieure au règlement de M. le maire). Ainsi, on nous a fait supprimer les trappes et les perrons dont l'existence était fort légale d'après nos anciennes lois, on nous a forcés de faire de petits pavés, quoique les lois françaises mettent cette charge au compte de la commune; les particuliers ont fait des trottoirs, quoiqu'une loi récente porte que les villes doivent payer une partie des frais de ces constructions. Le maire a dit qu'un règlement du 8 juillet 1730, obligeait les particuliers à l'entretien des petits pavés; M. le maire n'a jamais vu ce règlement; il n'existe pas aux archives de la ville, ni dans celles du parlement de Lorraine. Je suis allé pour le chercher aux archives de l'ancien conseil d'état de Lorraine, qui se trouve maintenant aux archives du royaume de France; j'ai compulsé les années 1729, 1730 et 1731 qui forment un volume in-f° : non seulement je n'ai point trouvé ce règlement, mais j'ai trouvé un arrêt postérieur à la date qu'on lui donne, rendu à la demande des paveurs de la ville, et qui ordonne que les pavés posés à l'arsenal seront payés par le trésorier du duc; ceux de l'Hôtel-de-Ville ou de la cité par le trésorier de la ville. Or, cet arrêt ne porte nul règlement, nul motif; les particuliers n'y sont pas cités; mais il est évident que si, antérieurement, il eut existé un règlement sur la répartition de l'entretien des pavés, l'arrêt n'aurait point été rendu, à moins que ce ne fût en interprétation du règlement. Ainsi, cette pierre qui semble servir de base et d'excuse aux exigences de notre administration, et de motif à l'obéissance des particuliers, le règlement du 8 juillet 1730 n'a jamais existé que dans l'imagination de feu M. Raulecourt, qui l'a cité le premier; il n'était point connu de notre administration municipale de l'an 1756. On trouve au recueil des arrêts et ordonnances de Lorraine, tome 9, suppl. page 40 et suivantes, un arrêt du conseil, une proclamation du bailly de Nancy, desquels il résulte que la ville ne pouvant réparer ses pavés, établit un nouvel octroi, au moyen duquel on pourra même paver les faubourgs, « le tout à la décharge » des propriétaires des maisons, qui même ne seront plus à l'avenir chargés d'aucun entretien. » Ce mot *aucun* est bien général et doit s'appliquer aux petits pavés comme au surplus de la rue, et n'admet aucune exception : certainement, ces pièces doiven se trouver aux archives de la ville. Il nous semble que l'énoncé de ces faits énormes, dispense de toute réflexion et de toute observation ; mais ces illégalités ont singulièrement embelli la ville, cela est vrai ; il semblerait que notre administration pense qu'il vaut mieux mourir de faim dans des maisons à belles faces, que d'habiter à l'abri du besoin dans de vilaines maisons, et que, pour arriver à ce but, les illégalités sont fort excusables, et qu'ainsi les habitants doivent trouver plus avantageux d'être gouvernés, commandés, vexés par les volontés de ses chefs, que d'être administrés conformément à la loi et à la justice.

Cette note qui est une spécialité, pourrait paraître déplacée dans un ouvrage où il n'est question que de généralité ; mais elle justifie les réformes que nous demandons pour le régime municipal.

Note 7. — Page 27.

Ces notes paraîtront avec le septième numéro de nos mémoires sur l'Histoire de Lorraine.

Note 8. — Page 32.

(8) Les forts ne feront rien pour parer à ces résultats du despotisme, et les bons plaisirs ne sont plus possibles en France. Le génie infernal qui a conçu les bastilles de Paris, soit qu'il ait eu en vue de protéger la puissance ou la nationalité, ignorait-il que, quand une ville de cette importance veut se défendre, toutes les habitations deviennent autant de forts ?

Pour réduire Paris, il suffit de le cerner et de lui couper les vivres pendant huit jours. Aurait-on pensé que la France, qui regarde Paris comme un gouffre dévorant toute son industrie, consentirait encore à s'affamer, pour faire dans cette ville un dépôt de sa nourriture, et en retirer ensuite son pain journalier ? Paris est nourri au jour le jour par les provinces, et j'espère qu'il ne surgira jamais un despote assez puissant pour changer cet ordre de choses ; ainsi les forts sont sans puissance contre des ennemis assez nombreux pour pouvoir couper les vivres à la place ; mais ils sont d'une force infinie contre Paris. Dans ce cas, en supprimant les réflexions que peut suggérer une pensée aussi liberticide, nous ferons observer qu'on a depuis soixante ans l'expérience que les mouvements de Paris se communiquent à toute la France, comme une secousse électrique. Paris attaqué dans sa liberté, aurait tous les Français pour défenseurs ; les évènements de 1814 et de 1815 ont pu faire concevoir l'utilité de mettre Paris à l'abri d'un coup de main, d'une percée : c'est ce que font les remparts ; mais les forts, au moins douze d'entre eux, sont luxe infernal ou surabondance ruineuse.

Note 9. — Page 32.

Le bon M. Fourrier, comme l'abbé de Saint-Pierre, croyait que tous les hommes sont naturellement bons. L'abbé regardait tous les souverains et spécialement le pape, comme incapables d'ambition injuste, désirant exclusivement le bonheur des peuples. Fourrier croit que dans le bas peuple il n'y a pas de goujats, de voleurs, de menteurs, d'ivrognes, de débauchés, de paresseux, et que les gens de cette espèce qui peuvent s'y trouver, deviendront des Catons dans ses établissements. La Démocratie pacifique dans de fort beaux articles, nous décrit le confortable étonnant et les jouissances ravissantes destinées aux fourriéristes : on croirait lire les idyles de Florian. En vérité, il me semble que toutes ces belles idées ont été conçues dans la lune pour des êtres bien supérieurs à l'espèce humaine.

Note 10. — Page 35.

(10) La Lorraine a été deux fois envahie par les Bourguignons, et trois ou quatre fois par les Français ; les vainqueurs voulurent réunir ce pays à leur couronne. A ces diverses époques, il y eut bien quelques Lorrains qui se joignirent aux vainqueurs et furent traîtres à leur prince et à leur patrie ; le nombre en fut bien petit en faveur des Bourguignons : Haraucourt est le seul grand nom qui entacha son écu par sa défection en faveur du duc de Bourgogne. La défection fut presque nulle en faveur de la France, surtout lors des deux premiers envahissements. Mais les Français ayant, comme vainqueurs, occupé notre pays pendant trente ans sans discontinuité, le temps d'une génération, dans les dernières années, le nombre des Lorrains qui prirent du service en France devint assez considérable, mais ce ne fut pas parmi le peuple. Le roi de France ne put faire un régiment de Lorrains à son service, et dans ces divers temps il y eut des actions d'éclat, de courage, de fidélité remarquables, qui honorent notre patrie ; on en pourrait signaler un grand nombre : sous René II nous citerons les chevaliers de l'Aveline, sous Charles IV le colonel Maillard, l'illustre et riche famille de Lignville, qui se ruina au service du prince, et qui ne put récupérer sa fortune sous les ducs successeurs, famille qui fut toujours patriote, qui a fourni plusieurs généraux à la république et à l'empire, dont les membres actuels portent encore l'épée, ont pour principale fortune leur illustration et l'honneur.

Quand la France restitua la Lorraine au duc Léopold, les Lorrains au service de France revinrent tous dans leur patrie et furent bien accueillis du nouveau prince. Le gouvernement français, qui conservait toujours l'espoir d'obtenir un jour la réunion de notre pays à sa couronne, fut blessé de l'abandon de son service par les Lorrains ; il fit frapper et répandre dans notre pays, une médaille qui représente d'un côté une âne mangeant un chardon (arme de Nancy), pour légende, *qu'importe, pourvu que je me soule* exerce 1700, pour revers un soleil avec un tournesol (helianthus), pour légende, *je tourne à ses rayons.* Maintenant cette médaille pourrait avec avantage et vérité remplacer la croix accordée à ces chevaliers, qui ont prêté serment à tous les gouvernements passés, présents et à venir, mais qu'on nous fasse la grâce de penser que ce n'est point pour le fait, de la part d'un fonctionnaire public, d'avoir conservé sa place sous des gouvernements de principes différents, que nous leur appliquons la médaille ; elle est due seulement à ceux qui, après avoir été vilement et servilement ministériels adulateurs d'un gouvernement, ont fait défection aussitôt qu'ils ont vu ministre ou gouvernement dans l'embarras, et se sont ralliés aux ministres et au gouvernement suivant avec un zèle turbulent, insultant ou dénonçant ceux qui n'avaient pas comme eux une grande flexibilité de principe et d'échine, soutenant qu'ils n'ont jamais été partisans des défunts ministres ou gouvernements. C'est à la révolution de juillet, que ces caractères se sont bien dessinés ; ces courtisants sont peu communs en Lorraine, malheureusement ils ne sont point introuvables ; mais de même que là où il se trouve de grandes fortunes il doit se trouver des pauvres, là où il se trouve de grandes vertus, de grands courages, il doit se trouver des lâches et des perfides ; chez nous c'est la masse, c'est le grand nombre qui est excellent et patriote.

Les annales françaises nous ont souvent calomniés, sans avouer que les Français ont rendu tellement malheureux notre pays que les habitants ont été réduits à devenir anthropophages, à abandonner leurs demeures, qui sont devenues des repaires de loups. Lisez, si vous en avez le courage, les Élégies d'Héraudel, les Mémoires de Pierrepont ; quant à moi je n'en ai pu supporter la lecture jusqu'à la fin. Voyez la Vie de Saint-Vincent de Paul, celle du père Fourrier. Les Français ne peuvent méconnaître que, pendant plus de trente ans de guerre, nous sommes restés fidèle à notre prince, que nous avons défendu notre pays, notre nationalité, combattant contre la France un contre dix ; que, devenus Français, nous nous sommes distingués par notre dévouement à notre nouvelle patrie et à notre nouveau prince. A la première révolution, les uns ont volé aux frontières, ont recueilli les premiers lauriers qui aient honoré le nom Français, et ont été reconnus braves parmi les braves ; les autres ont émigré. Tout en blâmant les préjugés qui ont fait émigrer un grand nombre de Lorrains, cependant il faut reconnaître que l'émigration était l'expression de la fidélité au prince, et beaucoup de ces émigrés ont résisté aux séductions de l'empereur. Restés purs dans de mauvais principes, ils ont pu saluer la restauration sans s'être souillés, comme ils le disaient, par le contact du grand homme qu'ils nommaient usurpateur. De même beaucoup de Lorrains ont pu saluer la révolution de 1830, purs de toutes grâces ou faveurs accordées par la restauration. Notre dévouement civique ne fut pas moins grand que notre dévouement militaire : ce sont les Vosges qui ont obtenu de donner leur nom à une place de Paris. Sous la république, sous l'empire, les Lorrains ont fourni plus de généraux, plus d'hommes d'état que deux provinces des plus favorisées de l'ancienne France. En 1814 et en 1815, notre pays était couvert de partisans qui se battaient avec courage et avec intelligence contre les alliés; ils ont failli faire prisonnier l'empereur d'Autriche. Oui, c'est de nos compatriotes qu'on peut dire avec le célèbre Vauban : Ce sont les meilleurs Français qui soient sous le ciel, en quelque partie de l'univers que puissent être les autres; et nous aimons à répéter ce que nous avons déjà dit autre part : Si parmi les nations on doit s'honorer d'être né Français, parmi les Français il faut se faire gloire d'être né Lorrain.

Note 11. — Page 55.

Il nous paraît constant que la corruption a plus de prise sur les colléges composés de peu de personnes, et surtout de celles qui habitent les campagnes, que sur les colléges composés d'un grand nombre de personnes habitant les villes. Il nous semble que cela est prouvé.

Note 12. — Page 59.

C'est réellement une chose incroyable qu'on ait jugé que cet article a encore force de loi. Lorsqu'on fait une nouvelle constitution, on trouve sans doute celle qui subsiste mauvaise et on l'annulle, autrement ce ne seraient que des modifications à la constitution, comme l'a fait l'empereur par son acte additionnel aux constitutions de l'empire. Il est bien évident que Louis XVIII par sa charte octroyée, jugeait que toutes constitutions antécédentes faites sans sa permission étaient nulles *in plano*. Si nos anciennes constitutions ont encore force de loi dans les articles qui ne sont pas réformés pour le tout, par les chartes et par les constitutions suivantes, on pourrait, en Algérie, refuser l'obéissance à M. le duc d'Aumale, parce que sa nomination est contraire à la section 3 de la constitution de 1791, qui règle l'état de la famille du roi. Les particuliers pourraient encore user de la déclaration des droits de l'homme et du citoyen, du fameux article 35 de la constitution de 1793, qui déclare l'insurrection le plus sacré des devoirs, contre le gouvernement qui viole les lois, etc. Si cela arrivait, les tribunaux auraient bientôt fait justice de ces prétentions outre-cuidantes. Et pourquoi donc n'en est-il pas de même pour cet article 75? Louis XVIII n'osa rien mettre de semblable dans sa charte; il est de la composition du général Bonaparte, c'est une innovation de son génie dominateur. Avec cet article, on peut établir le despotisme, en assurant l'impunité aux serviles dévoués à la puissance. Un conseil d'état amovible ne peut présenter aucune garantie contre un despote, qui peut ne le composer que de gens qui lui sont dévoués, et qui doivent recevoir et exécuter ses ordres, sous peine d'être renvoyés; ainsi, dans cette supposition, la demande au conseil d'Etat d'autorisation afin de poursuivre l'agent du prince ou du ministre, ne serait qu'une demande dérisoire, comme celle qu'on adresserait à un maître afin de poursuivre son valet qui nous aurait offensé d'après ses ordres. Lors de la discussion de la loi sur la responsabilité des ministres, cette question de la poursuite contre les agents des ministres ou de la responsabilité des fonctionnaires publics, devra trouver sa place. Toutefois on ne peut trop souvent le répéter, les juges sont appelés par état à rendre la justice et non à faire de la politique, non à suppléer aux lois ou méconnaître celles qui subsistent, en les remplaçant par de prétendus principes; ce qu'il y a de plus fâcheux pour la puissance, c'est de recevoir des services au détriment de la justice.

Note 13. — Page 70.

Dans certaines localités, les serfs étaient attachés à la charrue comme des bœufs, droit qu'on appelait *carpentagium* (*carpentum* chariot). Le droit aux prémices des épouses, *de marchetis mulierum*, nommé *marcheta* était presqu'universel : les chapitres d'Amiens, de Mâcon, de Lyon, etc., en jouissaient pour *regréer* (*regrier de recreare*) les chastes chanoines de ces localités; nous n'avons trouvé aucune trace de cette impudique coutume en faveur des seigneurs Lorrains, seulement il paraît que les abbés de Gorze en jouissaient à Saint-Nicolas, et que le nouveau mari de cette localité devait payer quatre francs barrois (à peu près 1 fr 50 c.), pour pouvoir coucher la première nuit des noces avec l'épousée.

Sous le servage complet, l'homme pote était là chose de son seigneur, aucune charte n'avait à régler le droit du seigneur sur cette chose, parce que le droit était absolu. Lorsque les seigneurs ont été obligés de traiter avec leurs serfs pour fixer les concessions que ceux-ci leur arrachaient, ces concessions furent arrêtées par des chartes; je n'en connais aucune donnée par des laïcs, qui traitent du marcheta, quoique cependant il en existe. Les prélats ayant fait très-peu d'affranchissements, mais seulement des concessions verbales, qu'on rappelait annuellement lors des plaids de leur seigneurie, ils ont voulu quelquefois exercer leurs droits marcheta, ce qui a donné lieu à des procés ou à des contestations qui nous ont été transmises par Ducange et par divers jurisconsultes. Après le concile de Trente, les clercs ayant été obligés à une chasteté effective, alors le marcheta fut changé en redevances, d'où vient dans diverses paroisses le droit dû par les nouveaux mariés au prélat-seigneur du lieu. Voyez au Traité sur les coutumes Anglo-Normandes, par Houart : on trouve au chapitre 31, tom. 2, page 259, un tarif de ce droit.

Les droits féodaux prélevés sur le peuple, pour prix de plus ou moins de liberté ou d'affranchissement, étaient fort nombreux et très-variés, suivant les caprices des seigneurs; mais le plus infâme de tous ces droits était celui dont jouissaient les seineurs de Montjoie et de Mèche, et qui consistait à pouvoir, étant en chasse, éventrer un ou deux serfs, afin de pouvoir se chauffer les pieds dans leurs entrailles.

Ce droit fut dénoncé à l'assemblée nationale par le député Lapoule, et il fut vérifié au parlement de Besançon ; c'est du moins ce qu'affirme M. le curé Clerget, dans une brochure intitulée le Cri de la Raison, 1789, in-8°. Voyez Esquisses historiques des principaux évènements de la Révolution française, par Dulaure, tome 1er, page 253.

Note 14. — Page 87.

Quoiqu'on reconnaisse l'utilité des éleveurs de chevaux, non seulement dans l'intérêt de l'agriculture, mais encore pour la remonte de la cavalerie, et qu'on doive, dans l'intérêt de l'armée, protéger l'industrie de ces éleveurs jusqu'au moment où l'on aura trouvé le moyen de remplacer le cheval par une seringue à vapeur, cependant on dit qu'il est question d'établir un impôt sur les chevaux de luxe : c'est encore là une imitation très fâcheuse de ce qui a lieu en Angleterre. Les riches Anglais se font une honneur de consommer beaucoup de vin de Champagne, c'est un noble luxe chez eux, parce que ce vin paie un droit fort élevé de douane et d'octroi. Les Français n'ont point encore acquis ce genre de patriotisme ; un grand nombre d'entre eux réformeront leurs équipages, non seulement à raison du droit à payer, mais encore pour n'avoir pas de rapport avec les agents du fisc, rapport que l'administration rend toujours fort disgracieux. Alors l'industrie si utile des éleveurs de chevaux, industrie qui éprouve de grandes pertes par l'établissement des chemins de fer, recevra encore une atteinte fort funeste, si elle n'est mortelle.

Note 15. — Page 95.

Dans le septième numéro de nos Mémoires, nous examinons cette alliance des pratiques religieuses avec les immoralités et les vices, sans adopter le principe de Saint-Paul, que les actions sont indifférentes au salut, quand on pratique les règles de la foi. Au moyen-âge, on agissait avec la conviction qu'au moyen de neuvaines et de dons faits aux prêtres, les péchés seraient pardonnés ; c'était la croyance de Louis XI. Nous avons beaucoup de monuments historiques constatant ces croyances, qui certainement, au lieu de moraliser les chrétiens, leur indiquaient les moyens de commettre les faits les plus répréhensibles, sans compromettre leur salut.

www.ingramcontent.com/pod-product-compliance
Ingram Content Group UK Ltd.
Pitfield, Milton Keynes, MK11 3LW, UK
UKHW020342230726
13925UKWH00003B/921

9 782014 037807